# CORPS À CŒURS

Laurie Darmon

# CORPS À CŒURS

Avec Laurie Darmon – Laury Thilleman – Benjamin Siksou – Joyce Jonathan – Tristan Lopin – Barbara Butch – Hugo Bardin *aka* Paloma – Irma – Charles de Vilmorin

Robert Laffont

ISBN : 978-2-221-27262-6
Dépôt légal : janvier 2024
Éditions Robert Laffont, 92 avenue de France, 75013 Paris

*À ceux dont le corps crie,*
*À ceux dont le cœur murmure,*
*À ceux qui perdent espoir,*
*À ceux qui ne comprennent pas,*
*À ceux qui ne parviennent à dire,*
*À ceux qui se souviennent,*
*À ceux qui rêvent en secret,*
*À ceux qui souffrent en silence,*
*À ceux qui n'ont pas confiance,*
*À ceux qui ont peur d'être libres,*
*Et à ceux qui savent.*

*À mes parents et mon frère,*
*Pour ces dix années que je n'oublierai jamais.*

*À Zac,*
*Pour être resté.*

*À Cathy.*
*Pour tout.*

# Sommaire

## *Pourquoi* Corps à Cœurs ?

*20 octobre 2021*

7 h 30. Je me fais couler un café et m'attarde quelques minutes à la fenêtre. Paris dort encore et le silence qui règne me donne la sensation délicieuse de surplomber la ville. Chaque jour depuis plus de dix ans, je m'offre ce plaisir inspirant, nourrissant. Mais ce matin-là, quelque chose vient troubler le calme qui régnait.

En effet, j'aperçois deux jeunes filles qui marchent dans la rue et rient aux larmes, apprêtées comme si elles se rendaient en soirée, sac cabas à l'épaule. Je sais pourtant qu'elles ne vont pas ailleurs qu'au lycée. Je me revois alors moi-même sur le chemin de l'école, à guetter les autres groupes de filles qui marchaient devant moi. Elles étaient maquillées, coiffées, sûres d'elles. Au lycée, elles étaient celles que l'on regarde, que l'on écoute et que l'on veut fréquenter. Elles ne craignaient pas de prendre la parole, parce qu'elles savaient qu'elles ne risquaient pas d'être ridicules. Elles étaient adoubées d'avance, parce qu'elles avaient les codes. Peu importait finalement ce qu'il y avait derrière le maquillage ou en dessous des vêtements, c'est la forme qu'on retenait, pas le fond. Elles étaient comme elles avaient compris qu'il fallait être pour exister fort au lycée. Et ces deux jeunes filles que j'entends rire sous ma fenêtre reproduisent la même chose. Les règles n'ont pas changé, bien sûr. La question, c'était finalement : qui dicte cette règle ? Vaste sujet auquel il est difficile de répondre précisément, tant c'est le reflet d'un système qui fonctionne ainsi depuis la nuit des temps. Mais il me semble quand même qu'un des relais principaux de ce système est incarné par les personnalités qui sont sous le feu des projecteurs en ce qu'elles exercent des métiers d'image. On reproduit finalement beaucoup ce qu'on voit à la télévision, dans les magazines et sur les réseaux.

C'est alors que me vient cette idée : si les personnalités qui prennent la lumière racontaient elles-mêmes comment elles se sentent pour de vrai quand on éteint les projecteurs, qu'on enlève les artifices et qu'on ne se cache derrière aucune parade, cela pourrait-il changer un peu la donne ?

Une heure plus tard, j'avais couché sur papier la première version de cette idée. Je vous la partage pour que vous compreniez.

« Le temps d'une soirée hybride entre *showcase* et *talk* sur le thème du corps, du rapport au corps, plusieurs artistes et intervenants ayant tous en commun d'exercer des métiers d'image, de représentation publique et d'éloquence, auront carte blanche pour exprimer à leur manière leur rapport à leur corps et leur notion de l'acceptation de soi. Ils mélangeront ainsi performances, lectures, chansons, sketchs, discussions, en se racontant à leur manière, afin de désacraliser l'image véhiculée par les photos, les vidéos et les réseaux.

» Ce sera ainsi le premier événement culturel où des artistes de la scène française et des personnalités de tout bord exprimeront ensemble ce qui reste d'habitude assez tabou : leur rapport à leur corps. En effet, nous avons l'habitude de voir ces mêmes personnes tirées à quatre épingles, présentées sous leur meilleur jour, osant prendre la parole et semblant très à l'aise. Cela provoque dans l'imaginaire collectif la sensation que pour exercer tel ou tel métier, notamment des métiers d'image mais également des métiers d'éloquence, il faut avoir tel corps, incarner tel physique et surtout, transpirer une confiance en soi *a priori* innée. Mais pour bien connaître ce milieu – dans la mesure où je suis moi-même auteure-compositrice-interprète –, je ne sais que trop bien les failles qu'on ne voit pas et qui gouvernent ces mêmes personnes que l'on croit si à l'aise dans la lumière. Et surtout, je sais trop bien à quel point le savoir, le partager serait précieux pour celles et ceux qui les admirent et en font des modèles.

» Quand j'étais petite fille puis adolescente, j'aurais aimé entendre les personnalités que j'admirais me raconter ce qu'on ne voit pas sur les photos et les vidéos sur lesquelles je les voyais apparaître, et renvoyer une image impeccable. J'aurais aimé voir ce qui reste dans l'ombre, et dont il n'y avait aucune trace sur les posters que j'accrochais dans ma chambre. Sans doute aurais-je eu moins de complexes. Sans doute me serais-je fait une idée plus juste de la beauté ; une idée plus humaine. Sans doute me serais-je mieux acceptée.

» Le but de cet événement est donc de pousser les jeunes générations à s'autoriser à avoir envie d'exercer un métier qu'elles pourraient s'interdire parce qu'il leur a semblé que les codes physiques, les critères visibles, n'étaient pas à leur portée. Notre corps doit être notre ami, jamais notre ennemi, et l'on gravite pourtant dans un monde où l'image et les filtres, pour ressembler à une certaine norme sociale, sont partout. Pour que cela change, il faut entendre la vulnérabilité de ceux qu'on n'aurait jamais imaginés la dire. Il faut lui donner la place qu'elle mérite, la trouver belle et puissante. Loin d'une honteuse faiblesse qu'il faudrait cacher.

» Cela peut changer des destins frustrés, endiguer des colères sourdes.

» Cela peut aider les plus jeunes qui ont tendance à idéaliser celles et ceux qui prennent la lumière. »

Il ne me manquait que le titre.

J'essayais des choses, des jeux de mots, puis il m'a semblé que j'avais trouvé : ça s'appellera *Corps à Cœurs*.

# Chère anorexie mentale…

## *De mon anorexie à ma guérison,*
## *de mon corps à mon cœur*

J'ai le souvenir précis d'avoir pris conscience de mon corps à six ans.

Je pose ma main sur les différentes parties de mon corps, mon coude, mes bras, mes jambes, et me réjouis de les savoir miens, existants, rien qu'à moi. Cette prise de conscience se produit plusieurs fois, souvent quand je suis nue, sans que j'en parle. Je suis simplement heureuse de posséder un corps qui présente les mêmes membres que je vois sur le corps des autres. Mes camarades de classe, mes parents, ma maîtresse.

Avec le recul, ce n'est pas de mon corps que j'ai pris conscience, mais du premier degré d'appartenance à un groupe : l'apparence. Avec le recul, j'étais heureuse de faire partie d'un tout, d'appartenir à une norme. Ma joie était celle d'une petite fille rassurée de ressembler à ceux qu'elle voyait. Et jusqu'ici, il n'était question ni de silhouette, ni de poids. Simplement, déjà, d'avoir un corps.

J'ai également le souvenir précis de mon premier jour au CP, toujours à six ans. « Darmon Laurie, classe de

CP A. » Les regards soudainement braqués sur moi, je reste accrochée à ma mère. Je ne bouge pas ; les regards s'intensifient. Je ne bouge toujours pas ; j'entends des rires un peu moqueurs. « Darmon Laurie ? » On me pointe du doigt. Je rougis, je voudrais disparaître, mais ma mère me pousse à rejoindre le rang de cette nouvelle classe dans cette nouvelle école et dans cette nouvelle ville. Je m'avance finalement, recroquevillée, honteuse, sans connaître personne. Les regards qu'on m'adresse transpercent et façonnent pour la première fois la perception que j'ai de moi-même. Je me ressens « bizarre », « étrange », « différente ». Je me ressens comme on me regarde.

J'ai six ans et j'avance vers autre chose que le CP : j'avance vers l'éveil d'une conscience.

De cette scène furtive et si banale, je retiens la fin de ma spontanéité innée jusqu'ici.

Silencieuse, discrète, appliquée, je prends désormais soin de plaire aux différents regards qui bordent mon quotidien. Celui de mes parents, celui des professeurs, celui de mes amis. Je me conforme sans le formuler à un moule dans lequel je peux circuler paisiblement, protégée par des contours rassurants où la sensation de honte ne peut pas exister.

Je me structure en fonction de l'ensemble de règles, de mœurs et de conventions que j'y décrypte et qu'à aucun moment je ne questionne. Elles sont miennes, j'y crois très fort.

Parfois je voudrais prendre la parole, mais je ne le fais pas. Parfois je pense une chose qui va à l'encontre de la façon dont j'agis, mais je tais cette pensée. Il m'importe davantage qu'un regard bienveillant m'accepte et me valide.

Si j'ai désormais plus de trente ans, je pose sur ces deux souvenirs un regard tendre qui prend la mesure du symbole qu'ils racontent : c'est dans l'enfance qu'on bâtit les fondations sur lesquelles on passera la suite de notre vie à s'appuyer.

Tout dans le parcours qui fut le mien ensuite est contenu dans ces deux souvenirs : « ressembler à », « paraître », « appartenir à un groupe ». Rien ne parle de ce qui fut ma clé : accepter ma vulnérabilité sans peur, pour aller sereinement découvrir ce qu'elle raconte, et épouser ainsi ce qui me singularise pour tendre vers un rapport apaisé à mon corps.

Le lien entre la notion du rapport au corps et la notion d'acceptation de soi peut paraître difficile à établir. En ce qui me concerne, il m'a fallu le ressentir au plus profond de ma chair pour être capable de le comprendre d'abord, puis de le trouver évident ensuite.

À dix-sept ans, en effet, je tombe dans une anorexie mentale qui se déclare quelques heures après les résultats de mon bac de français. Plutôt très studieuse, je suis le genre d'élève qui a toujours obtenu de très bonnes notes. Mais là, pour la première fois de ma vie, je suis confrontée soudainement à la notion d'échec telle que je la conçois à ce moment-là.

Lorsque je prends connaissance de ces résultats, je me trouve dans le sud de la France où je suis animatrice dans une colonie de vacances pendant le mois de juillet. Je m'occupe d'adolescents qui ont entre treize et seize ans. Les autres animateurs ont tous passé leur bac de français cet été-là, et le fait de me trouver à côté d'eux qui ont obtenu de bons résultats intensifie je crois le naufrage qui va survenir.

En effet, si je ne réagis pas tout de suite, quelques heures plus tard je prends soudainement conscience de cet échec. Instantanément, je sens dans tout mon corps un séisme qui m'ébranle tant que je ne serai plus jamais la même qu'avant. Encore aujourd'hui, je n'ai pas retrouvé tout à fait mes sensations d'avant ce jour-là.

Je passe trois heures au téléphone avec mes parents, à pleurer sans pouvoir m'arrêter. À distance, ils sont démunis pour me consoler. Ils ont beau me dire que tout cela n'est pas grave, rien n'y fait. Je me sens envahie par la sensation d'une honte que je fais peser sur mon entourage. J'ai déçu. J'ai failli. Je n'ai honoré ni mon travail, ni ma famille, ni mes professeurs. Je n'appartiens plus à aucun groupe auquel je me suis identifiée jusqu'ici. Et si j'ai toujours pris soin d'être celle que l'on remarque dans le groupe, pour la première fois je suis celle que l'on remarque hors du groupe. Je fais l'expérience, pour la première fois depuis ce souvenir de mon entrée au CP, de la marge qu'on ne choisit pas.

Le lendemain matin, je descends au petit déjeuner, avale un croissant aux amandes, et éprouve une sensation désagréable que je ne connaissais pas jusque-là. Très gourmande et plutôt complexée de n'avoir pas assez de formes, j'aime beaucoup manger. Je me sers un deuxième croissant, mais la sensation désagréable s'abat plus fort encore.

À mesure que cette journée se déroule, j'ai un poids sur la conscience, qui pèse plus lourd à chaque fois que je me nourris. Et surtout, je me souviens de tout ce que j'ai avalé. J'ai perdu quelque chose que je n'ai jamais retrouvé : l'insouciance. L'insouciance de la nourriture. Manger sans se souvenir de chaque bouchée, de chaque plat, de chaque portion. Manger.

Dans cette même journée, je me souviens d'un instant long où je me regarde dans le miroir. Mon visage paraît gros, et mon regard, démoniaque. Je me dicte d'être désormais la meilleure, la plus belle, la plus fine, la plus parfaite. Mais c'est une autre que moi à l'intérieur de moi. Je suis sous l'emprise de quelque chose – de quelqu'un – qui grandit en moi et dont je commence à peine à prendre conscience.

Quelques jours plus tard, toujours pendant cette colonie de vacances, je fais une première crise. Un soir, pendant la réunion quotidienne que nous faisons entre animateurs lorsque les adolescents sont couchés, je grignote un Kinder Bueno ou quelque chose comme ça. C'est toujours un moment assez passionné où nous grignotons tout en débriefant nos journées. La sensation qui m'envahit dans les minutes qui suivent est inédite, insupportable et terrifiante. C'est comme si une alarme incendie s'était déclarée dans mon corps. Je me souviens d'avoir enfilé des baskets et d'être brutalement sortie courir en pleine nuit dans la rue, seule, sans manteau, sans pull, et sans qu'aucun des autres animateurs comprenne ce qui me prenait. Je cours comme on fuit un danger imminent pour sauver sa peau d'une mort soudainement proche.

Lorsque je reviens, je ne m'étends pas. Je dis que j'avais besoin de prendre l'air, de me défouler un peu, et je change de sujet. Je n'y repense pas, je refoule cet épisode et les jours qui suivent sont à peu près similaires. Si ma conscience de la nourriture fait doucement son nid dans mon cerveau, j'essaie d'abord de ne pas m'y conformer en ne changeant pas mes habitudes alimentaires.

Au retour de ce séjour, on me dit que j'ai bonne mine, que j'ai pris un peu de poids et que ça me va très bien. Que je fais plus « femme » qu'avant mon départ.

C'est dramatique. Je monte sur une balance, j'ai pris 2 kilos et pèse désormais 44 kilos. Je le vis comme une honte et le regard de mon reflet dans la glace foudroie mon visage. « Se faire du bien et prendre de la place, ça se mérite. » C'est à partir de ce moment-là que je commence à modifier mon régime alimentaire, sans vraiment le décider. Je dois sauver ma peau de ce regard que mes écarts provoquent.

Le mois suivant, la nourriture devient une obsession. Je suis en vacances en famille, et mes parents qui m'ont toujours connue très gourmande sont surpris de me voir soudainement si pointilleuse quant aux plats que je commande. Moi, je n'ai qu'une chose en tête : ne pas tenter le diable qui grandit en moi, comprendre ce qui me permettra de me sentir bien dans mon corps, car depuis plus d'un mois désormais je ne suis jamais apaisée.

Un midi, je me laisse tenter au restaurant. L'ambiance est bonne, nous goûtons de nouvelles saveurs et les portions sont généreuses. Je sais que je prends un risque, que peut-être encore je réagirai mal, mais l'appétit et la gourmandise ont pris le dessus. Mes parents m'encouragent à finir mon plat – « Mais il ne reste que deux bouchées, tu vas pas laisser ça quand même ! » –, alors je finis avec un peu de contrariété. Une fois dans la chambre d'hôtel, je suis prise de douleurs au ventre qui me font me rouler par terre. Ma mère ne m'a jamais vue comme ça. De nouveau, mon corps me punit de l'avoir choyé. Je pleure, je suis épuisée. Le soir, je les laisse sortir sans moi au restaurant, et les deux jours qui suivent je reste seule dans la chambre d'hôtel. L'isolement commence. L'isolement social, familial. Il fait froid, il fait triste, et surtout, il fait angoissant dans mon cœur. Qu'est-ce que j'ai ? Je ne mets aucun mot là-dessus. J'ai intégré qu'il ne faut pas dire trop fort ce que je ressens, car il me semble impossible de comprendre quoi que ce soit tant qu'on n'a pas éprouvé ces sensations qui me font reculer devant la nourriture. J'ai trop peur qu'on me force et que je doive encore ressentir cela. J'ai trop peur de tout.

C'est à ce moment-là aussi que la notion d'exercice physique entre véritablement dans ma vie. Je sens un besoin de bouger, de me dépenser et d'éliminer que je n'ai jamais connu. Si jusqu'ici j'ai fait beaucoup de danse et de gym, je ne suis pour autant pas plus sportive que ça. Mais là, soudain, être dans l'effort physique me semble essentiel. Avec du recul, mon corps commence à comprendre sans le conscientiser que c'est quand il est dans l'épreuve que je me sens bien, et plus jamais l'inverse.

Enfin, cet été-là, je n'ai pas mes règles.

À mon retour donc de ces grandes vacances, à ma rentrée en terminale scientifique, je suis devenue une autre personne. Jusqu'ici, au lycée, j'étais une fille timide mais bien intégrée socialement. Jamais une leadeuse, mais j'avais mes copains. J'étais surtout « celle qui chante et fait de la musique » depuis que j'avais posté mes chansons sur MySpace un an plus tôt, et fait des petits concerts qui avaient bien marché.

Personne ne se rend réellement compte, pendant l'année, de ce que je vis. Je maigris, je m'habille en noir, mais c'est le matin que tout se passe vraiment. Et je prends soin de me réveiller assez tôt pour que personne ne le voie, afin que je puisse mettre en place les rituels qui me permettent de rester à flot sans souffrir des sensations que j'ai connues l'été précédent.

En effet, le matin tôt, je pratique un régime alimentaire assez drastique, en ne mangeant qu'une demi-biscotte sans rien dessus, avec un café noir. Puis je fais des exercices de sport en maîtrisant le plus possible mon souffle pour ne pas réveiller ma famille. Je vais ensuite à la salle de bains, je monte sur la balance. Je me lave les dents tout en faisant des squats. Le dentifrice coule sur le carrelage et vient blanchir les lignes noires. Je nettoie pour n'éveiller aucun soupçon, car ma mère est très observatrice. Je prends une douche froide, plus jamais chaude. Je n'arrive plus à étaler de crème sur mon corps. Je n'arrive plus vraiment à toucher mon corps. Je m'habille, puis je vais au lycée.

Si je passe l'année à travailler avec l'espoir certainement inconscient que cela efface le démon punitif qui est né en moi depuis mon bac de français, c'est pendant cette même année que la musique prend davantage de place dans ma vie. Je fais des concerts tous les samedis soir pendant deux mois dans un café-théâtre sur les Grands Boulevards. Trente minutes pendant lesquelles, chaque semaine, je suis loin de tout ça. On me regarde, je prends la lumière, je m'accompagne à la guitare et je chante mes premières chansons. C'est la première fois surtout que je dois faire cet exercice de représentation publique depuis que l'anorexie mentale a commencé. Jusqu'ici, encore une fois, je n'ai mis aucun autre mot sur ce que je vis que celui de « démon intérieur », et personne n'en a connaissance.

À la fin de l'année, j'obtiens mon bac scientifique avec la mention bien. On est fier de moi, mais cela ne change rien. Je suis à 25 points de la mention très bien. Ce sont les points du français. J'ai postulé pour entrer à l'université Paris-Dauphine, « mais vous comprenez bien qu'on ne peut pas prendre une élève qui a de tels résultats à son bac de français. Je suis désolé, mais ce n'est pas négociable ». Qui suis-je devenue, moi qui ai été l'élève modèle ?

Je perds 4 kilos cette année-là, pesant 40 kilos environ du haut de mes dix-huit ans. Mes parents commencent à se rendre compte de quelque chose. Mes amis aussi. Mais je ne laisse jamais l'espace à quiconque pour dire vraiment quoi que ce soit. Je crois que dans ce regard que j'ai vu sur mon propre reflet dans le miroir et qui me terrifie, il y avait quelque chose qui transpirait et s'adressait à eux, à mes proches. Je crois que c'est comme ça que je parviens à leur faire garder le silence.

Après l'obtention de mon bac, je m'inscris dans une école de commerce post-bac et je commence à reprendre confiance en moi. Je réussis facilement sans trop travailler, alors je n'y reste qu'un an.

Je n'ai toujours pas mes règles, mais ce n'est pas vraiment un sujet. Mon obsession pour la nourriture et le poids prend toute la place. Je pèse 39 kilos, mon régime alimentaire n'a pas changé depuis celui que j'ai élaboré en terminale, il est stable. Je continue à composer et à écrire comme on pratique un hobby, sans envisager d'en faire un métier. Je travaille surtout à me façonner un « vrai métier » qui s'intégrera dans la structure où j'ai évolué. Ici, autour de moi, on ne devient pas saltimbanque.

L'année suivante donc, je change de cursus. Je m'inscris en première année de droit à la Sorbonne, m'en sentant de nouveau capable. Quelques mois avant mes vingt ans, fraîchement étudiante à la fac, je rencontre un garçon. J'ai dix-neuf ans et demi et c'est la première fois que j'ai un petit copain.

Lorsqu'il m'embrasse, c'est comme si une décharge électrique parcourait mon esprit. J'ai la sensation violente de trahir le pacte auquel je me suis soumise en silence au lendemain des résultats de mon bac de français, et cela se traduit par des images qui m'empêchent de vivre pleinement le moment. Je dirais que ce démon en moi s'éveille pendant ce premier baiser pour m'avertir : comment puis-je laisser un garçon me proposer d'accéder aux plaisirs de la chair et de l'affection ? Comment puis-je accéder au plaisir tout court ? Je comprends que ce mal en moi gagne du terrain. La nourriture est un plaisir, le confort est un plaisir. Je n'y ai plus vraiment accès sereinement. Désormais l'affection, à laquelle je goûte seulement, fera partie des choses qu'il me sera impossible d'accueillir.

Je me souviens d'un jour où il veut me faire un câlin. Nous sommes chez lui, nous regardons un film. Lorsque sa main effleure mon torse au-dessus du pull qui me recouvre entièrement, je hurle. Je demande à manger un cookie en buvant du lait. Je suis retombée en enfance. Je suis ridicule. Le démon intérieur frappe un peu plus fort à chaque fois que je le mets au défi.

En revanche, si la maladie – que je n'ai toujours pas nommée – rend le contact physique difficile, sur les plans psychique et émotionnel, il se passe quelque chose. En effet, dès la première semaine de notre relation, le regard que ce garçon pose sur moi et la place que j'occupe dans sa vie me font accéder au statut féminin que plus rien dans mon corps ne démontrait. Ainsi, j'ai mes règles de nouveau et elles se déclenchent toutes les deux semaines pendant cette relation. Lorsque je suis à côté de lui, ma gourmandise reprend aussi ses droits : je mange généreusement, et sa présence désarme un peu le démon qui sommeille en moi.

C'est fragile, mais ça existe. Puis il y a la rupture. À partir de là, l'anorexie s'abat plus fort que jamais.

Dans les mois qui suivent, je perds du poids. Mon esprit et mon corps ont vécu cette rupture comme un deuxième échec honteux, humiliant, et il me faut payer cher. Je me souviens d'un sentiment de tristesse et de culpabilité qui ne me quitte jamais. Mes règles de nouveau cessent instantanément, sauf quand je croise encore ce garçon. Ma capacité à devenir femme dépend donc bel et bien du regard qu'on pose sur moi. Le mien n'a tout simplement aucune valeur.

Dans les mois qui suivent surtout, j'intensifie la rigueur qui borde mon quotidien. Être allongée est trop douillet, m'asseoir dans le métro est trop confortable, sortir avec mes amis est trop agréable, manger plusieurs fois dans la journée est trop luxueux. Être assise longtemps sur les bancs de la fac est trop facile. Mon corps se constitue en impasse phénoménale. Je commence à faire beaucoup plus de sport, à être plus matinale que de raison, et à vouloir être dans un rendement permanent de ma personne. Chaque minute de mon temps doit être exploitée, et surtout physiquement éprouvée. Sinon quoi ? Les sensations de brûlure dont j'ai déjà parlé menacent de m'envahir. C'est ici que je vois le processus de l'anorexie mentale se mettre en place. Il n'est plus question uniquement d'une manifestation concrète de cette maladie sur la nourriture. Cela s'étend désormais à tous les pans de ma vie.

Je ne parle pas encore en ces termes, je n'en dis rien. Mais à un ami très proche, j'avoue ma tristesse permanente. Au fil des mois qui passent, il me répond un jour : « Tu sais, je crois que ce qui te rend triste flotte juste là, tout près de toi. » Cette phrase me reste et je médite beaucoup dessus.

Dans le même temps, j'ai besoin de marcher beaucoup. Il me faut tellement être en mouvement permanent que la marche est devenue essentielle. Une après-midi, en me perdant dans une petite librairie où je lis mille quatrièmes de couverture à la seconde, je tombe sur le livre *Jours sans faim* de Delphine de Vigan. C'est donc ça. Anorexie mentale. Je mets pour la première fois le mot sur ce que je vis depuis deux ans.

Quelques semaines plus tard, je commence une psychanalyse et entre en deuxième année de droit. Je ne trouve pas tout de suite la psychanalyste qui m'a fait tant de bien.

Je teste d'abord trois ou quatre psys différents. L'une d'entre elles me dit cette phrase terrifiante : « Mais si c'est trop difficile de sentir les contours de votre corps, mettez des vêtements amples, rien de moulant, et ça ira mieux. » Ce jour-là, en sortant de la séance, je me sens seule au monde. Comment vais-je guérir si une psychanalyste spécialisée dans les troubles du comportement alimentaire me donne ce genre de conseils superficiels et stériles ?

Si jusqu'ici ce n'était pas flagrant, à partir de mes vingt et un ans, la maigreur devient visible.

Notamment au niveau de mes bras, de mon torse, de mon cou et de mon visage. Le bas de mon corps ressemble davantage à celui d'une enfant, mais je ne suis pas squelettique.

Mes parents s'alarment et ils m'imposent de consulter une psychiatre à Sainte-Anne, en plus de la psychanalyse que je viens de commencer et qui me fait déjà du bien.

L'année qui suit est la plus difficile et la plus importante à la fois.

L'anorexie mentale me rend dure et intransigeante avec mes plus proches.

Je n'arrive plus à supporter de laisser ma mère cuisiner le dîner familial. J'éprouve une immense colère lorsqu'elle ajoute n'importe quelle épice ou une cuillère d'huile dans la casserole – « Sinon, Laurie, ça ne cuira jamais ! » Je hurle, je pleure. Chaque repas devient chaotique.

Si mes copines, lorsque nous déjeunons près de la fac, choisissent un restaurant différent de celui dans lequel je sais que je peux trouver un plat déjà testé et « approuvé » par mon démon intérieur, je préfère ne pas venir. Un jour elles me disent : « Tu veux toujours choisir, on aimerait bien changer un peu et proposer autre chose » et je le prends comme un coup de poignard en plein cœur. C'est trop dur de justifier mon intransigeance. Je ne suis pas prête à admettre mon anorexie mentale. Je ne l'ai jamais vraiment été d'ailleurs. En filigrane, je veux qu'elles comprennent ma détresse et qu'elles ne me la reprochent pas.

Le problème est réglé quelques semaines plus tard puisque je franchis un nouveau cap : ne me nourrir que de trois pommes le midi. Puis c'est deux. Puis c'est une. Je commence à flirter avec le plaisir de la tête qui tourne. Je me sens puissante de ne pas m'évanouir en travaillant et en ne me déplaçant qu'à vélo matin et soir – je mets une heure pour me rendre à la fac. Je palpe mon corps qui se durcit ; plus rien n'est mou, plus rien n'est féminin, plus rien n'est humain. Je suis fière. Je me sens belle et légère.

Cette année-là aussi, je commence une histoire d'amour qui durera presque six ans.

Je le mentionne car mon petit copain joue un rôle essentiel dans la première étape de ma guérison. Sa patience et son amour m'aident beaucoup. Ma maladie abîme notre relation. Mais j'ai cette chance d'aimer et d'être aimée dans un moment où ma vie ne tient qu'à un fil.

À ses côtés, contrairement à ma première histoire d'amour, je ne retrouve pas mes règles et n'accepte pas de manger davantage. Je suis désormais trop loin dans le cheminement de la maladie, mais sans lui je me serais sans doute détruite encore plus.

Cette année-là enfin, je fais mon premier « vrai concert » avec des musiciens. C'est au théâtre de la Reine-Blanche. On ne peut pas le deviner en me regardant depuis le public, puisque l'on constate que je suis mince, mais ce soir-là, pendant que je chante, je perds mon soutien-gorge sans bretelles car j'ai trop maigri, et le stress de la représentation publique n'aide pas. Je me concentre pour que ça ne dépasse pas de mon tee-shirt... En revanche, quand je revois des vidéos, j'y vois malgré tout une femme. J'y vois quelque chose de moi qui est profondément sensuel. Qui sait être dans la lumière, prendre de la place et ne pas s'en excuser. J'y vois un soupçon de la femme que j'ai sentie plusieurs fois au fond de mes tripes. Elle existe quelque part, il faut que je trouve la clé pour savoir comment la faire exister pleinement, mais ce concert me donne un espoir auquel je vais m'accrocher très fort.

La psychanalyse avance et me permet de détricoter ce qui finalement compte le plus : comment on en arrive là, pourquoi on en arrive là, ce qu'est l'anorexie mentale, à quoi elle répond.

J'ai vingt et un ans, je pèse 37 kilos et je vis ma première hospitalisation de jour. Le but est de comprendre notamment pourquoi je n'ai plus mes règles. Je subis des prises de sang qui n'aboutissent pas car mes veines sont devenues si fragiles qu'elles « roulent » pour éviter les aiguilles. On parvient à me piquer avec beaucoup de difficulté. On voit que j'ai un taux de cortisol – l'hormone du stress – particulièrement élevé, mais sinon tout paraît normal. La gynéco dit en s'adressant à ma mère : « Mais elle est intelligente, elle va s'en sortir pour devenir une belle femme. » Je ne dis rien mais n'apprécie pas du tout cette phrase, car la maladie dont je souffre n'a rien à voir avec mon intelligence. En suivant le raisonnement de ce médecin, on conclut que, si je ne m'en sors pas, c'est que je ne suis pas assez intelligente. Or, cela n'a rien à voir du tout.

La gynéco considère aussi – ainsi que ma mère et tous les médecins que je verrai durant la maladie dans les années qui vont suivre – que si je n'ai plus mes règles, c'est uniquement parce que je ne suis pas assez grasse. Mais je sais en mon for intérieur que tout ne se résume pas à mon poids. Je les ai eues de nouveau sur une courte période deux ans plus tôt comme je l'ai décrit précédemment, lorsque je suis sortie avec ce garçon dont j'aimais le regard qu'il posait sur moi. Je sais que mon absence de règles est avant tout psychologique. Je me souviens de mes cours de sciences de la vie et de la Terre en terminale. Je me souviens du chapitre sur l'axe hypothalamo-hypophysaire qui gouverne les hormones. Je comprends alors très rapidement que pour guérir, sentir la confiance et l'écoute des médecins à l'égard des faits qui bordent mon parcours à moi, sans appliquer un point de vue indifférencié sur cette situation, me sera essentiel.

Parallèlement, je commence des séances de psychiatrie à Sainte-Anne en externat ; c'est une exigence de mes parents. À l'issue de ma première séance, mon père me demande si je vais enfin manger à nouveau correctement. Je suis aussi attendrie par cette question presque enfantine que par le ton inquiet de sa voix. Je lui réponds, en faisant preuve de délicatesse, que la psychiatre m'a clairement dit que l'idéal, pour que je guérisse, serait de m'extraire de la cellule familiale. Cela représente précisément ce que redoutent mes parents, car s'il y a bien une chose à laquelle ils sont attachés, c'est ma présence à la maison. Plus encore qu'à ma guérison. Mon absence soulignerait trop fort qu'il y a un véritable problème.

Les séances se déroulent deux fois par mois et ne me font pas vraiment de bien, contrairement à la psychanalyse. L'approche ici me semble trop cartésienne, car la psychiatre s'intéresse exclusivement à ce que je mets dans mon assiette pour jauger si je suis volontaire dans le fait de m'en sortir. J'ai beau expliquer que les choses commencent à aller mieux même si ça ne se voit pas encore dans mon assiette, que je commence à comprendre pourquoi j'en suis arrivée là et que ça me donne un espoir qui était au bord de s'éteindre, ça ne compte absolument pas.

Auprès d'elle, je me sens une mauvaise élève, et si parallèlement je ne suivais pas une psychanalyse, je recourrais sans doute soit au mensonge pour bénéficier du regard mélioratif de la psychiatre, soit au fait de me soumettre scrupuleusement à un régime alimentaire qui s'apparenterait à un « gavage » temporaire. Rien de véritablement sincère et pérenne. Rien qui me mette en sécurité et puisse anéantir ce démon intérieur.

À travers mon parcours de guérison, mon rapport avec la médecine académique n'est pas toujours simple. Je compare souvent cela au fait de recouvrir une plaie sans la désinfecter en profondeur. Mais avec le recul, je dois reconnaître que cette approche cartésienne était nécessaire et m'a permis de me confronter sans détour au mur dans lequel je fonçais. Ne pas me laisser le choix que je savais si bien imposer à mon entourage et à mon corps, c'était obligatoire pour me préserver de mes propres agissements. Je l'ai compris bien plus tard.

Cette année-là donc, la psychanalyse me permet de commencer à comprendre.

À mesure que les séances s'écoulent, je perçois le lien qui s'est établi entre mon incapacité à prendre de la place physiquement, au sens propre, et la place que j'occupe sur la Terre au sens figuré. Autrement dit, et pour le résumer très simplement, je comprends que mon corps refuse de prendre de la place si je ne vais pas vers ma place à moi dans le monde. Pour la première fois, les notions de rapport au corps et d'acceptation de soi m'apparaissent liées. Elles vont ensemble, étroitement régies par un lien de causalité, et je ne cesserai d'approfondir cette conscience tout au long de ma guérison, qui durera encore six ans.

Parallèlement, armée de ces clés de lecture lumineuses qui apparaissent à mesure que je parle pendant ma thérapie, j'analyse mes comportements.

Je me vois incapable de déjeuner lorsque je vais à la fac, et beaucoup plus douce avec moi-même lorsque je compose. Je sens les contours de mon corps m'étouffer très fort quand j'évolue dans un environnement où je construis une vie qui est celle qu'on attend de moi, et beaucoup plus doux quand je me consacre à élaborer une existence diamétralement opposée à la première : créative, artistique. Dans laquelle je laisse à ce qui me fait vibrer l'espace pour exister.

J'analyse assez rapidement que je suis la première à avoir structuré ma façon de mener ma vie en fonction du regard que l'on posait sur moi, et que, toute seule comme une grande, j'ai désiré pleinement ce qui permettrait logiquement de m'assurer de ce regard bienveillant et d'être adoubée par ceux qui m'entouraient.

Je comprends la subtilité, donc, de cette anorexie mentale qui s'immisce sans contrainte véritable. Certainement, elle aurait été plus facile à percevoir si elle était la conséquence d'un acte ou d'une emprise concrète que j'aurais pu subir et dénoncer. Mais ici il n'en est rien : je suis naturellement cette très bonne élève qui croit désirer pour de vrai le schéma de vie que je poursuis. Celui d'une jeune femme qui cocherait toutes les cases sans faire de vagues. Celui d'une jeune femme qui réussit dans ses études et exerce un métier lui assurant une sécurité financière et une indépendance. Celui d'une jeune femme qui plaît aux garçons, se marie et fait des enfants avant trente ans.

Je prends du recul. Je relis les nombreux textes que j'écrivais dès l'enfance et qui racontent une autre femme, bien loin de celle que je viens de décrire. Et je comprends l'impersonnalité de ces désirs. Je comprends à quel point j'ai fait miens des désirs « classiques ». Des désirs qui entrent dans la norme. Tout ce que je mets en place ne concourt qu'à la réalisation d'une vie future qui exaucera ces désirs-là.

Il me faut donc désormais comprendre quels sont mes véritables désirs et, surtout, pourquoi j'ai eu tant à cœur de ne pas m'y intéresser et besoin de m'assurer de ce regard bienveillant.

Je fais deux séances de psychanalyse par semaine, et elles ne se terminent pas une fois la porte du cabinet refermée. J'y pense tout le temps et prends conscience de l'urgence de ce travail, travail qui occupe désormais toute la place dans ma tête.

Cela ne porte pas encore ses fruits physiquement, mais à mesure que je comprends et que je parle, je saisis qu'il m'a semblé que l'amour qu'on m'adressait n'était pas inconditionnel. Qu'on me murmurait tout bas que si je ne devenais pas celle qu'on attendait, on ne m'aimerait plus.

Je me souviens de scènes très marquantes qui se déroulent avec mes proches dans le même temps. J'agis avec eux comme s'ils étaient responsables. En effet, le fameux démon intérieur qui me dicte cette conduite rigoureuse que je suis scrupuleusement depuis déjà cinq ans me fait payer très cher le fait de vouloir le réduire à néant. Alors il sévit davantage, et me fait passer par des phases où ma dureté est incontrôlable et immense. En comprenant que c'est l'environnement dans lequel j'ai évolué qui m'a poussée à désirer des choses sans les questionner, je suis d'autant plus dure avec ceux qui m'entourent depuis toujours.

Un jour, mon frère me dit, désemparé par ce silence auquel je contrains ma famille : « Regarde ce que tu as fait », en me regardant simplement. Je vois dans ses yeux la tristesse, l'impuissance. Tout est dit. Il lit sur mon corps un état qui n'appelle pas la vie et que je me bats pour faire perdurer. Il ne sait comment me raisonner. Je suis très touchée, je garde la face mais je m'en vais pleurer quelques minutes plus tard, en prenant soin de ne rien montrer.

Les séances continuent, je suis toujours en deuxième année de droit mais je me sens très affaiblie. Je parle de mon enfance, de mon adolescence, de souvenirs clés qui me reviennent et d'attitudes que j'ai eues. Je perçois davantage celle que j'ai étouffée, je perçois ses rêves à elle et je mets un visage sur ce démon qui s'adresse à moi depuis cinq ans : il a le visage de moi, petite fille. Ce démon est cette petite fille que j'étais lorsque j'avais cinq ans et qui est enfermée au fond de moi, à crier désespérément pour que je lui prête attention et que je m'arrête enfin sur sa personnalité, sa spontanéité et ses rêves. Ce démon est né parce que je ne l'ai pas regardée ni acceptée telle qu'elle était, préférant très rapidement épouser une vie qui n'a rien à voir avec elle, reléguant au cachot son originalité, son altérité, son relief.

Le jour où j'« échoue » à mon bac de français, je réveille les craintes que j'ai pris soin de ne jamais éveiller en accomplissant tout parfaitement. Je me voulais irréprochable et je ne le suis plus ce jour-là. Alors la petite fille que j'ai mise en sourdine pour cette raison précise – parce que si je l'autorisais à s'exprimer, elle me ferait prendre le risque d'être reprochable en ce qu'elle n'était pas assez lisse – s'éveille, hurle et me dit : « Tu vois, tu me prives de parler alors que tu ne réussis pas mieux en voulant te fondre parfaitement dans la norme. » Et puis, elle me punit, pour que je la libère. Elle me rend incapable de me fondre dans la masse, fait peser très fort sur moi la honte pour que je prenne conscience du danger qui règne dès lors que je laisse le regard que les autres posent sur moi devenir tout-puissant. Elle me dit : « Si tu continues à m'étouffer, je te tuerai. »

C'est difficile à écrire et à exprimer. Ce sont des heures de thérapie et de réflexion qui me permettent ce recul. Mais je sais désormais pourquoi et comment. Tout prend sens. Je relis mes écrits d'enfance, et ça devient même flagrant.

L'anorexie s'est déclenchée parce que je n'acceptais pas celle que je suis au fond de moi, et que je n'en avais même pas conscience. Et le quadrillage que mon esprit a tracé sur mon corps, de sorte que je me sens « déborder » d'une prison corporelle aux barreaux invisibles, est celui que j'ai posé sur mon esprit. Le corps est le temple d'une âme, et les blessures de cette âme se déposent sur le corps.

L'anorexie s'est déclenchée pour me sauver quelque part, en me confrontant directement à une impasse que je n'avais plus aucune chance de contourner si je voulais continuer de vivre, si je voulais passer à l'étape d'après.

Je m'attarde alors à saisir ce que j'ai concrètement étouffé. Et ce qui me vient en premier, comme une évidence folle, c'est mon amour pour la création. Les mois qui vont suivre constituent une étape décisive : je choisis, pour sauver ma santé, de ne pas reprendre mes études à l'issue de l'obtention de ma licence, et d'essayer de percer dans la musique.

Cette décision très difficile à prendre personnellement fait l'objet de nombreuses remarques de la part de mes parents désemparés.

Un matin, je demande à mon père s'il m'aimera toujours si je ne fais plus d'études et poursuis dans une voie artistique. À ce moment-là, j'ai vingt-deux ans, je suis en troisième année de droit que je suis à distance car je me trouve dans un état physique critique. Mon père ne répond pas. Ce silence me brise le cœur. Je comprends pourquoi j'ai très vite mis au coin tout ce que la petite fille fantasque que j'étais pouvait désirer. Cela n'entrait pas dans la ligne tracée par mes parents.

Cette scène est très importante, mais il faut absolument la mettre en perspective. Car, par la suite, après de longues conversations qui nous ont rapprochés plus que jamais, mes parents deviennent mes premiers soutiens, et leur regard vibre d'une confiance en moi bien plus grande que lorsque je jouais à m'inscrire dans leur moule. Me voir courageuse et déterrer ce que j'ai enfoui les impressionnera, ce qu'ils n'auront de cesse de me répéter. Cela va prendre du temps, n'advient pas immédiatement, mais sera capital.

À mes vingt-trois ans, donc, je quitte le cursus universitaire. Je suis encore malade, mais ça va de mieux en mieux car je réussis davantage à me nourrir au prix de séances de sport qui – avec le recul, je dois le reconnaître – sont excessives mais ne mettent pas en danger ma santé. Je trouve des compromis pour que mon plaisir puisse se faufiler entre les mailles de ce filet que je détricote patiemment.

Je passe une année à donner des cours dans toutes les disciplines que je maîtrise et enregistre parallèlement, en autoproduction, mon premier EP. Je n'ai aucun contact dans ce milieu et j'apprends sur le tas. Je sors finalement ce premier disque à la rentrée suivante. Et j'ai la chance de me faire repérer par une grande maison de disques avec laquelle je signe.

La première étape concrète de ma guérison est passée. Je suis la voie de mes désirs.

Mais ça ne règle pas tout. Mon corps, bien qu'il prenne davantage de place, est encore très « désarticulé », et cela se voit beaucoup sur scène et sur tous les visuels nécessaires à la promotion de ma musique. Les clips, les photos, le choix des vêtements : pour exercer ce métier public, il me faut être à l'aise avec mon image, et je ne le suis absolument pas.

En effet, je reprends du poids et cela m'est très difficile à accepter. On pourrait se dire que si c'est trop difficile, je n'ai qu'à cesser de manger pour retrouver la silhouette si fine que j'avais, mais on oublierait que pour être capable d'une telle rigueur, il faut être animé par un démon que j'ai pratiquement tué. Je n'ai plus cette urgence dans le corps. Je souffre en voyant ma silhouette changer, je souffre en sentant mes cuisses se toucher la nuit, mais je n'en meurs pas. Je ne m'en vais pas courir soudainement pour éteindre cet incendie intérieur. Je n'ai plus dans le regard cette lame tranchante qui menace de me détruire. C'est désormais une souffrance viable qu'il me faut appréhender, comprendre, digérer.

J'ai vingt-quatre ans, j'arrête la thérapie, considérant avec ma psychanalyste que j'ai désormais toutes les armes pour me battre. Et je commence à mener ma vraie vie à moi. Celle que j'ai choisie. Les mois passent, la vie passe. Je suis convaincue à cette époque-là d'être pratiquement guérie, même si je n'ai toujours pas mes règles. Mais deux années plus tard, je dois faire le bilan compliqué d'une tristesse qui ne me quitte pas. Je suis vivante, je suis plus douce, mais à l'intérieur c'est encore très éteint. Je réfléchis beaucoup, j'analyse comme j'ai appris à le faire, puis je perçois une autre lumière, une autre clé. Je me souviens, sans l'avoir vraiment oublié, que l'anorexie mentale s'est répandue sur tous les pans de ma vie, me rendant incapable de tolérer le plaisir. Si cela venait du fait que je n'acceptais pas qui j'étais profondément, bien entendu il fallait déjà changer de voie pour prendre un chemin qui me permettrait d'accomplir ce que je désirais, à savoir un métier qui me ressemblerait davantage.

Mais cette notion d'acceptation de soi ne s'arrête pas au choix du métier qu'on exerce. S'accepter pleinement, c'est bien plus profond qu'un choix superficiel.

Souvent, j'ai envie de m'exprimer auprès de ceux qui commencent à écouter ma musique sur le mal-être que j'abrite, mais je ne suis pas encore prête. Cependant, jouer publiquement l'image d'une jeune femme épanouie par tout ce qui lui arrive en taisant les vraies problématiques qui l'animent ne m'aide pas vraiment – voire m'abîme davantage. Je cerne les règles d'une image publique qu'il faut tenir pour continuer de captiver, et je cerne le danger de ces règles. Car, petite, je me souviens d'avoir bu les paroles de ceux que l'on écoutait. Je me souviens d'avoir glorifié les poses sur les posters, les silhouettes dans les clips, les peaux parfaites dans les interviews et les *primes* télévisés. Je me souviens d'avoir sacré la perfection de cette image publique comme une instance capable d'établir si l'on est dans la norme ou pas. Mais en commençant à côtoyer de l'intérieur ces métiers sous le feu des projecteurs, je vois le mensonge tacite auquel on se soumet pour faire prospérer cette image publique enviable. Je vois ce qu'on véhicule et qui n'est pas la vérité. Je vois l'ampleur d'un système beaucoup plus nocif qu'il n'y paraît et qu'on ne dénonce pas.

Bien sûr, je me pose la question du rêve. Le mystère participe au rêve et il ne doit pas s'agir de tout dire ni de tout montrer n'importe comment, mais pourquoi conditionner le rêve à une image idéalisée ? Je crois que cela mène au contraire au cauchemar.

Cette réflexion qui va continuer d'occuper mon esprit constitue finalement la première ébauche de *Corps à Cœurs*.

Je me penche alors de nouveau sur mes écrits d'enfance, je fais travailler ma mémoire et j'essaie de donner plus de place à la spontanéité que j'ai étouffée par peur du ridicule, pour voir ce qu'elle dit.

Cela passe par le fait d'écrire, de prendre des notes ici et là, de lire des biographies, de revoir les photos d'enfance. Je cherche, je ne sais pas trop quoi, mais je cherche.

Je constate aussi que dans ma vie amoureuse, je ne parviens toujours pas à prendre du plaisir. Je n'en ai ni envie ni besoin. Mon corps reste impénétrable et ma peau ne frémit pas. Dans le même temps, en relisant mon journal intime, je redécouvre une culpabilité à prendre du plaisir lorsque j'avais treize ans en découvrant mon corps. Je redécouvre des fantasmes que j'ose écrire à demi-mot et que je m'excuse d'avoir. Je redécouvre aussi des ricanements et des réputations qu'on me faisait lorsque je m'exprimais librement en dansant pendant une boum quand j'avais dix ans, puis douze, puis quatorze.

Je redécouvre des choses que j'avais enfouies et qui me mettent sur la voie. C'est l'autre partie du travail : assumer qui on est. Pas ce qu'on veut faire, mais véritablement qui on est. Affronter les regards sans avoir peur, ne pas s'excuser d'exister, prendre sa place. Et tout cela, quand j'ai vingt-six ans, je constate que je n'y parviens toujours pas. Je l'ai enfoui, et c'est certainement là que ma fougue et ma flamme intérieure sont retenues. C'est même certainement là que ma sensualité et le sang de mes règles sont confinés. Il faut décongeler le corps qui est resté celui de la petite fille qui m'a longtemps punie de ne pas l'exaucer. Il faut conquérir désormais la femme.

Mais comment dénouer ce qui n'est pas palpable ?

Je prends à ce moment-là conscience d'une réalité que je regarde avec lucidité : je mange de nouveau, c'est vrai. J'ai repris du poids, c'est vrai. Mais tout est encore très « portionné ». Parfois, c'est trop – car réapprendre à manger est un chemin long et sinueux. Parfois, c'est trop peu. Je cherche la mesure, cette notion qui m'a soudain quittée au premier jour de cette maladie, au lendemain des résultats de mon bac de français. Tout est encore très quadrillé. Tout est encore sous contrôle minutieux. Tout est encore loin d'une liberté véritable. Il me faudra beaucoup plus de temps pour que l'appel de la faim, de l'envie ou du laisser-aller soit plus fort que celui du calcul.

Je prends alors la décision, à bientôt vingt-sept ans, de me donner une dernière chance : quitter tout, absolument tout, et m'offrir sans filet de sécurité à cette liberté que je semble redouter. Quitter les cadres et les repères. Quitter les équipes professionnelles avec lesquelles je travaille. Quitter le garçon avec qui je sors depuis presque six ans.

Je me dis que cette démarche va dans le sens de celle que j'ai élaborée quelques années plus tôt pour être capable de manger de nouveau, de reprendre du poids et de la place physiquement. Désormais, il faut que j'habite ce corps, que je m'incarne en lui, et pour cela, que je mette la main sur un élan de vie que j'enferme quelque part.

Je compare souvent ce moment de ma vie à un saut dans le vide. J'ai l'impression de me tenir au bord d'une falaise. Et puis dès l'instant où je prends ce risque, pratiquement à la première seconde de cette suspension au-dessus du vide, je vois pousser un instinct de survie qui provoque dans mon corps un séisme similaire à celui que presque dix ans plus tôt j'ai ressenti, quand je suis tombée dans l'anorexie mentale. Je sens mon corps frémir, accueillir quelque chose qui sort du plus profond de moi, l'essence féminine même : la fécondité. J'accouche de moi-même.

Mon corps s'ouvre. Mon corps s'attendrit. Mon corps accueille. Je suis capable d'accepter le moelleux de mes formes à mesure que je deviens capable d'accepter la douceur de la vie. Et cela n'est possible que parce que je ne ressens plus aucune culpabilité à l'idée d'avoir les désirs que j'ai, à l'idée de prendre la place que je prends, à l'idée d'exister et d'avoir mes façons de voir à moi et ma façon à moi de mener ma vie. Mon corps me prouve plus que jamais à quel point il est le reflet de mon âme. S'il s'est constitué en impasse durant toute mon anorexie mentale pour que je n'accède pas à la femme que je vais devenir, il ouvre cette fois la porte et laisse s'écouler la vie, parce que j'ai rejoint le bon côté du rivage. Celui où je ferai droit à ma personne, celui où je m'accepterai. Mon corps m'a peut-être sauvée pour que je ne passe pas à côté de ma vie.

Je sens le désir s'emparer de moi et redonner à la vie des couleurs merveilleuses. Je sens le désir de l'étreinte au sens noble du terme, la rencontre des âmes à travers les corps. Je sens l'envie de danser, l'expression corporelle qui reprend ses droits après avoir été si longtemps censurée. Je sens l'impulsion de me déhancher, la renaissance d'un mouvement intérieur qui m'anime et que mon corps a besoin de faire exister presque tous les soirs, comme si, privé trop longtemps de ce mouvement essentiel, il devait rattraper le temps perdu. Je sens la curiosité, l'éveil de mes sens, le chemin vers la femme absolument libre, honteuse de rien, d'aucun désir, d'aucune image, d'aucune posture. J'accueille aussi mon amour pour le secret, le mystère, le fait d'être capable de circuler librement, solitaire et lumineuse.

Je me regarde devenir cette femme si différente de la jeune fille que j'étais.

Je me regarde éclore.

Je conquiers en même temps ma sexualité. Prendre enfin du plaisir et aimer en donner. Le dire, l'écrire et le transpirer presque comme un engagement, presque comme un acte militant parce que trop longtemps j'ai eu la sensation que c'était honteux. Mais c'est bien trop sublime pour qu'on le dise à voix basse ou qu'on le laisse aux hommes, comme si cette liberté sexuelle ne pouvait être bruyante et bienvenue que dans leur vie. Jouir et s'approprier cette liberté, décider d'en jouir et de la posséder, comprendre que tout est à notre portée.

Bien sûr, à ce moment-là, mes règles reviennent. Je n'ai pas forcément grossi, j'ai simplement débloqué quelque chose. Cela confirme ce que j'ai perçu plus tôt pendant la maladie : les hormones sont aussi régies par un état psychologique, par une santé mentale.

Je vis très fort cette période merveilleuse, surréaliste. Et deux mois après ce saut dans le vide, un matin, je comprends. Je comprends que ce qui vient de me quitter, c'est mon anorexie mentale. C'est la première fois que je me sens capable d'en parler concrètement, sans détour. Je suis animée désormais par une mission : raconter ce que j'ai vécu pour que d'autres gardent l'espoir qui m'a si souvent manqué.

Désormais, j'entame un autre cycle, et la seule chose dont je suis sûre, c'est ce que ces dix années de maladie m'ont permis de trouver au plus profond de moi : une légèreté qui n'a rien d'un faux-semblant ni d'une fuite en avant pour ne pas regarder ses problèmes. Une légèreté sincère, authentique, qu'on ne trouve que si on accepte sa vulnérabilité profonde, si on la regarde, si on la questionne et si on apprend à l'aimer.

Cela m'inspire si fort qu'en même temps que cette éclosion s'opère, j'accouche d'un second album, *Femme studio*, différent de tout ce que j'ai fait jusqu'ici, habité par un souffle créatif nouveau. C'est merveilleux de voir que tout peut s'aligner, que tout est relié.

L'anorexie m'a quittée mais je reste sur mes gardes et le suis toujours. Alors que j'écrivais ce texte qui la dénonce plus fort encore, elle a menacé plus d'une fois de venir m'envahir afin de me soumettre au silence. L'anorexie est une maladie mentale complexe et très sérieuse, et j'espère, à travers *Corps à Cœurs*, aider ceux qui en souffrent à garder l'espoir et trouver le chemin de leur guérison.

# Archives personnelles

Il me tenait à cœur de partager des extraits de mes écrits personnels datés et que j'ai soigneusement conservés. Certains remontent à l'enfance, à l'adolescence, et d'autres sont plus récents. J'ai également extrait quelques parties du journal intime que j'ai tenu pendant mon anorexie. Je trouvais important de remonter à la source, de lire ce que j'ai écrit avant l'anorexie, et de percevoir déjà que le terrain était en place. J'ai tenu à ne rien modifier dans ces écrits, à ne pas en revisiter le style qui laisse parfois à désirer dans la mesure où ils n'étaient pas destinés à être partagés. Je voulais vous en faire part en l'état afin que vous fassiez la même expérience que moi, celle d'une réalité non retouchée.

J'espère que vous en ferez bon usage et qu'ils participeront à éclairer la lecture du parcours que j'ai décrit précédemment. J'espère surtout, notamment si vous-même ou certains de vos proches êtes concernés par des troubles du comportement alimentaire, qu'ils vous apporteront des clés de lecture, des réponses peut-être, des espoirs surtout.

## ARCHIVES ÉCRITES ENTRE TREIZE ET VINGT-SEPT ANS

Treize ans.

04/05/2004
*Pour de vrai*

La nuit, mes yeux restent ouverts. J'attends la sonnerie du réveil pour me lever, pendant une heure, deux heures. En patientant, je réfléchis. J'ai peur, je pleure dans mon lit, faute de vivre. La journée, je fais semblant de rire, pour me prouver que je vais bien. C'est devenu automatique. Alors, si mon sourire n'apparaît pas, je parle. La plupart du temps, ce sont des gamineries qui remplissent mes dialogues. Tout ce dont je voudrais parler, ce qui a un sens, je ne le dis pas, je le garde.

Parfois j'aborde le sujet.

Puis les larmes coulent sans s'arrêter, personne ne vient me sauver. Ni même mes amies, ni même ma famille, ni même mes parents. Je leur en veux. Mais je ne peux pas le leur dire sinon mon problème ne sera plus secret. Ma vie privée ne regarde que moi mais j'aimerais parfois que mes soucis soient publics. Rien que pour faire parler de moi. Je suis folle, je le sais, je le sens. Si ma tête était un livre, elle serait totalement remplie. Tout ce que je vis, je le pense comme si je l'écrivais. Et je me le raconte comme un roman que je lis.

12/12/2004
*Expression libre #3*

Comme l'a dit une amie dans une de ses expressions libres, la beauté extérieure est presque inutile pour aimer quelqu'un, ce qui compte, c'est la beauté intérieure. Mais moi, je n'arrive pas à me résoudre à cette vérité cruelle. J'ai totalement tort, c'est un de mes gros défauts, mais à mes yeux la beauté physique est très importante. Je veux être belle comme tout le monde, mais aussi la plus belle. C'est si mal de penser ainsi. Je regarde aussi beaucoup le physique des personnes qui m'entourent mais bien moins que le mien.

J'ai conscience que j'ai totalement tort de voir les choses de cette façon, et c'est peut-être le début de mon autoguérison...

23/01/2005
*Expression libre #8*

Le samedi 29 janvier 2005 est un jour mémorable à mes yeux car c'est ce jour-là que l'orthodontiste va me mettre des bagues dans la rangée de mes dents du haut. Je ne sais plus quoi faire pour éviter cela. Je sais déjà que je me trouverai vraiment affreuse et je sais par conséquent que ne pas me trouver convenable physiquement peut m'emmener très loin puisque comme je l'ai déjà dit dans une expression libre, et je rappelle que je sais que c'est un de mes grands défauts, la beauté extérieure est très importante pour moi donc je pourrai conclure cette affaire après ce fameux 29 janvier.

Quatorze ans.

01/04/2005
*Expression libre #14*

Elle marche là, devant moi, d'un pas assuré, sans se préoccuper de ce qui l'entoure. Elle est élégante, pleine de classe, belle, pleine de charme, assez souriante. Elle attire les regards, incitant chez certains une interrogation : mais qui est-elle ? Que fait-elle dans la vie ? Seulement, elle ne se soucie de rien. Elle avance, le regard sûr mais intrigant, vers l'avenir, en donnant d'elle cette impression de sérénité, d'intelligence, de motivation, de sûreté. Bref, cette femme, c'est celle que je voudrais être plus tard.

15/04/2005
*Expression libre #19*

Qu'est-ce que la honte ?
Voici une question qui me trotte dans la tête. Que signifie ce sentiment ? Un sentiment d'humiliation certes, mais y a-t-il un moment particulier pendant lequel on doit se sentir honteux ou est-ce plutôt un sentiment imprévu qui peut surgir à tout moment ? J'opterais pour dire que la honte est imprévue. Elle est différente selon chaque personne et chaque cas dans lequel elle a été ressentie. Pour finir, c'est un sentiment, selon moi, désagréable.

Vingt et un ans.

15/06/2012

Je suis mon pire ennemi.

Ce matin-là, je me regardai dans la glace et assumai pour la première fois que j'étais victime d'anorexie.

Un matin de septembre 2008, 6 h 15, réveil.

Petit déjeuner : une biscotte sans beurre ni confiture, un café.

Exercices sportifs pendant une bonne quinzaine de minutes : l'exercice du chien, cent vingt abdos, la chaise pendant deux minutes.

Douche, toilette, habillage. Départ en cours.

J'entre en terminale comme on entre à la guerre, et je n'en sortirai pas.

Deux mois auparavant, j'ai reçu les résultats de mon bac de français : 8 à l'oral, 9 à l'écrit. Premier échec, élément déclencheur d'un comportement alimentaire radicalement nouveau.

Nous sommes au mois de juillet, j'anime une colonie de vacances. C'est ma première expérience de l'autre côté du rideau. Les colons ont entre treize et seize ans, et j'ai seulement dix-sept ans. Je partage des liens très forts avec ces adolescents à travers lesquels je me revois comme si c'était hier. Il est 16 heures et nous sommes vendredi. Nous devons ranger le chalet et superviser les douches des enfants. Je suis dans la chambre des colonnes dont je m'occupe quand j'entends les autres animateurs parler de leurs résultats au bac de français. J'appelle aussitôt ma mère, étonnée qu'elle ne m'ait pas déjà appelée, afin qu'elle consulte sur Internet mes résultats.

Nous raccrochons, je ne réagis pas. Je suis surprise, mais très modérément surprise. Je continue de discuter avec mes colonnes tout en rangeant la chambre. Dix minutes plus tard, je sors dans le couloir et me rue vers l'escalier de service, ma cachette depuis l'enfance lorsque plus jeune je séjournais moi aussi dans ce chalet. Je m'assois sur les marches, et cueille ma déception. Les larmes se forment dans mon ventre ; les larmes montent dans ma gorge ; les larmes coulent sur mes joues ; les larmes me noient, pendant trois longues heures dont je ne vois plus le bout. La sensation de l'échec m'était jusqu'ici inconnue, et s'étale sur moi comme une brûlure dont la trace ne s'en ira jamais. Première de la classe, goût prononcé pour l'écriture. 8 et 9 en français. Je me souviens de ces heures entières passées à apprendre les listes de mots de vocabulaire chaque soir, en CE1. Je me souviens de ces petits carnets contenant toutes les règles de grammaire et d'orthographe en quatrième. Je me souviens de ces après-midi passés à la bibliothèque il y a encore un mois et demi. Mon chagrin dépasse tous les mots de réconfort que l'on peut m'adresser à cet instant. Il s'agit d'une histoire entre moi et moi-même qui ne se termine pas quand mes larmes ne coulent plus.

Quand mes larmes ne coulent plus, je me souviens seulement que j'ai faim, que j'ai envie de grossir comme je le répète depuis plusieurs années déjà, pour avoir des formes. Chaque nuit, entre animateurs, nous nous gavons de nourriture, une sorte de cinquième repas.

En rentrant, je revois mes proches, qui me disent que j'ai grossi, que j'ai le visage épanoui, que ça me va bien. En effet, j'ai pris 2 kilos, je pèse désormais

44 kilos pour 1,57 mètre. Je me regarde dans le miroir, je souris à l'idée que mon corps commence à ressembler à celui d'une femme. Je me regarde dans le miroir, je souris toujours. Je me regarde dans les yeux, je me dévisage, je souris encore. Je découvre un autre visage, je ne reconnais pas ma figure, je vois les contours changer de place, je souris moins. Je me vois grosse, je ne souris plus. Je me regarde dans les yeux en me disant que ce n'est pas bien.

Le mois d'août du même été, je pars en famille aux États-Unis. Les petits déjeuners sont délicieux et très copieux. Un café au lait, deux grandes tartines de pain frais, une multitude de pots de confiture, un grand jus d'oranges pressées.

Il fait beau, nous sommes en terrasse et dégustons ce premier petit déjeuner aux quantités américaines.

Nous nous rendons ensuite à Venice Beach, je discute avec ma cousine en marchant. Mon esprit est ailleurs, je repense à ce que j'ai mangé. Mon cerveau ressasse exactement le contenu et la quantité dont je me suis nourrie, et mon ventre se noue au fur et à mesure. Je me résous simplement à moins manger car mon estomac est certainement trop petit.

Deux jours plus tard, nous allons déjeuner dans un *delicatessen* – ce sont des restaurants typiquement américains dans lesquels on mange principalement des sandwichs. Un couple est installé à une table non loin de la nôtre, et pendant que nous attendons nos plats, je suis absorbée par leur façon de manger. Ils prennent des bouchées gigantesques, et je vois le fromage fondu dégouliner de leurs bouches. Comment peuvent-ils se permettre de prendre encore alors qu'ils ont déjà tant en eux ? La question que je me pose n'est absolument pas classique, je le comprends plus tard. Désormais, je suis donc attentive à la façon dont les gens mangent autour de moi.

Le lendemain, nous nous arrêtons au fast-food d'une aire d'autoroute afin de faire une pause sur la route qui nous conduit à San Francisco. J'ai terminé mon plat avant les autres et nous discutons le temps qu'ils terminent. En voyant mes parents croquer dans leur hamburger, je suis tout à coup saisie par une sensation de dégoût. Les voir avaler m'écœure, et pour la première fois je suis moins naïve devant ce sentiment. Je comprends qu'il n'est pas anodin, et le garde en tête.

Le soir même, nous dînons dans un restaurant huppé de San Francisco, dernier repas insouciant de ce séjour. En effet, le lendemain, je souffre de douleurs terribles au ventre, je me roule au sol, je pleure, je crie. Ma mère pense que c'est le changement de pays qui perturbe mon transit, il faut un temps d'adaptation. Je partage son avis et passe finalement deux jours alitée dans la chambre d'hôtel. Une fois remise, je ne mange plus n'importe quoi. Ma conscience alimentaire a discrètement construit son nid douillet et tient un relevé de comptes scrupuleux qui occupe toute ma tête. Je sais désormais ce que je mange, l'heure à laquelle je mange, et combien je mange. Je sais ce que je perds, et comment je perds. Ce que je ne sais pas, c'est ce dont il s'agit.

Je me souviens cependant d'un dîner, plus tard dans le séjour, à Los Angeles, au cours duquel je suis la seule à ne pas prendre de pizza alors que c'est la spécialité du restaurant. Un ami de mon père, sa femme et leurs enfants sont avec nous, et l'on me demande pourquoi je ne veux même pas goûter un bout de la pizza. Encore naïve à cette époque, je réponds que ça me dérangerait de faire entrer dans mon ventre autre chose que mon plat. Tandis que les autres se moquent gentiment de moi, l'ami de mon père me regarde longuement et me dit que je dois surveiller ce genre de pensées. Je pense qu'il savait déjà ce que je ne savais pas encore.

De retour à Paris, j'entre donc en terminale. Je crois être emprisonnée par les cours et la pression, et ne prends conscience qu'à la rentrée de l'année d'après que la seule prison dans laquelle je me trouve, c'est moi-même. Ma vie scolaire de lycéenne n'y était pour rien, je m'en rends compte lorsque je constate que même en son absence, les barreaux transparents demeurent. En fait, il s'agit d'une grille invisible qui prend ses racines dans mon inconscient et quadrille mon esprit. Lorsque je franchis les lignes, lorsque je « dépasse », ma conscience est lourde, la culpabilité m'envahit. Et puis un jour, mon corps parle. Mon ventre se noue, mes muscles sont contractés, ma gorge est sèche, et puis j'ai la nausée, surtout.

Un jour, en terminale, la professeure de sciences de la vie et de la Terre, en traitant le chapitre sur les hormones et le fonctionnement du système nerveux, évoque une notion qui m'était jusqu'ici inconnue : l'anorexie mentale. Elle explique ce que c'est, et je comprends très rapidement que c'est ce qui m'arrive.

Je n'ai plus de règles, n'ai plus de selles et n'ai plus de rapports naturels avec la nourriture. Je suis mentalement bloquée.

Je monte sur la balance matin et soir, et pèse à cette époque entre 39 et 40 kilos. J'ai le droit de manger un muffin le vendredi après-midi, je n'ai plus le droit de manger les yaourts au chocolat que j'aimais tant chaque soir en guise de dessert, je ne dois pas grignoter, et surtout, je dois m'en tenir au plat que j'ai entamé, sans ingurgiter n'importe quel autre ingrédient que j'aurais piqué dans les assiettes qui sont présentées à table.

Je passe ainsi mon année de terminale à me soumettre à une conduite rigoureuse dont je n'ai pas conscience. Je m'y soumets sans véritablement me rendre compte que je me soumets à quelque chose.

J'obtiens finalement mon baccalauréat avec la mention bien. Ma respiration se calme un instant. Ça y est, la culpabilité de mes mauvais résultats au bac de français va pouvoir s'envoler, j'ai réussi. Le cauchemar est derrière moi.

Lorsque je récupère mes résultats, j'ai l'impression d'avoir entre les mains le relais d'une course de vitesse à laquelle j'étais seule à participer. Mais la désillusion ne tarde pas à intervenir lorsque les jours qui suivent, l'envie de vomir s'empare de moi dès que je dépasse les lignes qui quadrillent mon cerveau. Je commence alors véritablement à me pencher sur ce qui m'arrive : l'anorexie mentale. La cause ne réside pas dans la pression des cours, celle-ci n'était qu'une couverture. La cause est ailleurs, il va falloir chercher et résoudre, car à cet instant précis je décide que cette « maladie » restera secrète.

L'été de mes dix-huit ans, bac avec mention en poche, je pars pour la première fois sans mes parents, avec une bande de copains dans un appartement à Barcelone. Le soleil, la jeunesse, la liberté, le grand air. Et la nourriture. Je ne pense qu'à elle, au fond des fonds les plus enfouis. Car en surface, rien n'est visible, du moins, pas encore. Nous sortons, nous bronzons, nous rigolons, nous dansons, mais il y a une chose que je fais toute seule :

déprimer. Chaque soir, lorsque je me couche, mes larmes coulent en silence. Alors que la liberté que je chérissais depuis l'enfance s'offre enfin à moi, je me sens plus prisonnière que jamais. J'étouffe en moi, parmi eux, partout. Je ne me sens bien nulle part, et perds petit à petit le goût du plaisir. Je fais mécaniquement les choses, sans plus savoir pourquoi. Mais il demeure un plaisir qui me permet de m'évader quelques minutes par jour : me lever tôt. L'ambiance matinale m'apporte un espoir qui alimente mes journées entières. Lorsque je vois poindre le jour, je suis envahie par une sensation de plénitude. Je me sens grande, forte, ambitieuse et capable. Je me sens invincible, et je vois flotter dans l'air des promesses incroyables, grandioses, merveilleuses, dont je conserve le souvenir au fur et à mesure que la journée avance. Et cela se répète chaque matin.

Mardi 12 juin 2012

Aujourd'hui, cela fait quatre ans que j'ai passé mon bac de français.

Aujourd'hui, cela fait quatre ans que le nid se développe, que les barreaux m'étouffent, que je suis mon pire ennemi.

Samedi 21 juillet 2012

Je n'arrête pas de pleurer, c'est trop dur. Mon corps ne m'écoute plus, il se relâche. Il ne m'écoute plus, il n'est plus à mes ordres. J'ai atteint la limite au-delà de laquelle il n'en fait qu'à sa tête. Il ne m'écoute plus.

Je vois poindre des formes, des rondeurs. Mes cuisses se touchent de nouveau, elles sont moelleuses. Mes fesses dépassent de ma culotte. De nouveau, comme il y a quatre ans. Comme avant.

Je contracte, je serre très fort, mais ça ne se contracte pas. Ça reste décontracté. Ça reste recouvert par une couche contre laquelle je ne peux plus lutter. Une couche de peau féminine. Une couche de trop.

Je me sens lourde, pleine, graisseuse, flasque à jamais. Malgré le sport, la nourriture en portions réduites, le contrôle, la maîtrise, mon corps dit non. Je ne réussis plus à être l'ombre fine, svelte et légère que les regards enviaient. Ma silhouette me trahit. Ma silhouette me dégoûte. Je suis en train de me fondre dans la masse. Une parmi.

Je voudrais ne plus avoir de corps, c'est devenu trop difficile. Je crois qu'il faut que mon corps soit rempli, et moi j'ai pris l'habitude, pendant quatre ans, de vivre avec un corps vide. Je crois qu'il faut que mon corps soit humain, et moi j'ai pris l'habitude de ne plus être humaine. De ne plus être.

Pourtant j'étais heureuse. Je n'avais jamais autant souri que pendant ces repas où je me goinfrais de salade, de carottes, de thon, de concombres, de tomates. Une salade par jour, et quelques pommes. J'étais si à l'aise dans mon corps. Comment ne pas se sentir à l'aise dans un environnement spacieux ? À l'intérieur, il y avait de l'espace, de la place. Beaucoup de place. Une place vitale, sans laquelle je me sentais étouffée. Une place que les autres trouvent à l'extérieur.

Une placc qu'on ne m'a pas laissée à l'extérieur, il faut croire. Et pourtant, jamais personne n'aurait pu soupçonner que quelque chose clochait. Famille, amis, cours de piano, de solfège, de danse, de théâtre. Et puis, « première de sa classe, et les yeux bleus qui plus est, elle a tout pour elle cette petite ». Moi aussi, je croyais qu'on résumait « tout » comme ça.

Pourtant, j'ai envie de vomir en sentant mes fesses flasques posées sur cette chaise à l'instant où j'écris. Elles dégoulinent de peau cellulitеuse. Il y a trois jours, ils m'ont pesée à l'hôpital. 38 kilos et 500 grammes. Comment, moi ? Je pesais 43 kilos, il y a encore si peu de temps. Enfin, deux ans. Trois peut-être, voire quatre. J'étais sûre de peser 43, et puis ça se voit que je ne pèse pas 38 et demi. Et pourtant, « la balance le dit Mademoiselle, peut-être que ça va déclencher un déclic maintenant ». Oui, j'en suis sûre. Maintenant, j'ai atteint le maximum, je me suis prouvé que je pouvais le faire, alors je peux relâcher. C'est ce que j'ai pensé très fort. Trois jours plus tard, cette pensée m'étouffe, j'abandonne. Trente-huit et demi ça ne veut rien dire, c'est pas si grave. Même si j'ai vingt et un ans. Même si je n'ai plus mes règles depuis quatre ans. Même si je dois rester enfant.

Mercredi 25 juillet 2012

J'y pense tout le temps. Je me vois dans le miroir, je tâte un corps que je ne connais plus. Je mange, j'ai faim, je suis fatiguée, je deviens peut-être un peu plus paresseuse ou j'en ai l'impression. Je ne suis pas belle, je retrouve un visage que j'avais pris soin d'effacer, de gommer, de tailler. Je ne parle pas, je mange. Je souris, je dis que tout va bien, que je suis forte. Je me le dis. Je fais d'autres choses, je prends le temps d'être assise, d'être décontractée. Je pense aux enfants qui sont dans la misère, je pense aux soldats qui combattent à la guerre. Je lis un bouquin, quelques pages. Je m'endors au soleil, je déjeune en terrasse.

Je prends un goûter.

Je baisse les armes, la nature aura raison de moi.

En écrivant cette phrase, une petite part de moi demeure résistante, mais je trouve de moins en moins de raisons à sa légitimité.

J'y arrive, j'y arriverai. J'ai mal au corps, je ne réussis pas encore à me rhabiller, à me faire belle, à me faire femme comme j'ai su le faire sur un corps d'enfant, mais j'y crois. Aujourd'hui en tout cas.

Samedi 18 août 2012

Je suis dans le ferry qui me conduit à Bastia. Après un séjour en Italie avec un groupe de copains et mon amoureux, nous allons passer une semaine en Corse.

Je sens dans mon ventre une bouée qui tangue, tantôt à droite, tantôt à gauche. Tantôt derrière les barreaux, tantôt à l'extérieur. Les barreaux dont je suis prisonnière, je m'en rends compte plus que jamais ces jours-ci.

Hier, pour mon dernier repas en Italie, je voulais prendre des pâtes aux palourdes, encore. Toujours pas prises, salade de thon pour moi, encore.

J'ai voulu en vouloir aux autres, à la carte, au serveur, à celui que j'aime, mais je n'ai pas pu. Au fond de mes yeux, il n'y avait que cette sale garce, avec son trousseau de clés et son sourire mesquin. « Toi, tu ne bouges pas de là, interdite de pâtes ce soir, tu n'as pas fait assez de sport, tu ne les mérites pas. »

Je la perçois de mieux en mieux, elle a le visage que j'avais petite, quand j'empruntais les pogs de mes copains, en maternelle, et que je les jetais par terre en courant dans la cour de récréation.

C'est une petite fille de cinq ans qui emprisonne mon corps de vingt et un ans. Une petite fille dont j'avais pourtant cru faire le deuil comme tout le monde, quand j'ai appris à faire mes lacets toute seule, à faire mes devoirs toute seule, à prendre le bus toute seule, le métro, le vélo sur la route, mes règles, un verre d'alcool, des cigarettes. Certes, je n'ai jamais quitté mon lange de bébé – cette phrase n'est fausse que depuis deux semaines – mais c'était un détail. La nounou venait me chercher à l'école jusqu'à mes quatorze ans, je ne sortais pas seule le soir avant mes dix-sept ans, je n'ai jamais embrassé de garçon avant mes vingt ans, mais ce sont d'autres détails encore. C'est comme constater le soir, quand on se déshabille, que le soutien-gorge d'hier ne va plus aujourd'hui, devenu un peu trop grand, puis beaucoup trop grand. C'est comme constater en consultant furtivement le calendrier le temps que l'eau de mon thé ait fini de bouillir que mes règles auraient dû arriver hier, il y a une semaine, puis un mois, deux mois, trois ans, quatre ans.

C'étaient des détails à mes yeux, j'avais fait le deuil de la petite fille, moi.

C'étaient des détails à ses yeux, elle n'avait pas fait le deuil de sa petite fille, elle.

Elle, ma mère.

Ma reine, ma douceur, ma chaleur.

Le cou qui m'accueillait le soir, quand nous tardions à rentrer à la maison. Blottie contre sa poitrine, je laissais mon oreille écouter son cœur battre et sa voix vibrer quand elle parlait.

La voix douce et confortable qui me rassurait au téléphone, quand j'étais loin de mes repères, de son odeur, de son regard.

Le regard bleu maternel qui murmurait à mon oreille que j'étais la plus belle du monde.

Le rouge à lèvres rose clair brillant qui berçait mes rêves quand elle sortait le soir, et que nous restions avec la baby-sitter, mon frère et moi.

Les phrases agréables, qui récitaient une poésie dont l'ordonnancement des mots était paisible et rassurant, avec un début, un milieu et une fin, toujours un après, un plus tard. Une suite, une poursuite vers quelque part. Je n'étais jamais perdue au milieu de nulle part, je savais qu'à 17 heures il fallait faire les devoirs, à 18 heures il fallait prendre la douche, et à 19 heures il y avait Canal J.

L'unique silhouette féminine que je voyais prendre sa douche, chaque matin, pendant que je me brossais les dents, avec des couleurs et des formes qui différaient de celles de mon corps. J'avais longtemps pensé que tous les êtres humains de sexe féminin n'avaient pas le même corps, jusqu'à ce que je comprenne un jour que je finirais par avoir le sien, quand je grandirais.

Quand elle n'était pas là, j'étais inquiète. Il me fallait son regard pour approuver mes actes. Il me fallait ses yeux pour rassurer les miens. Il me fallait sa main pour protéger la mienne.

Mais il ne m'a jamais fallu son corps pour câliner le mien, je crois. Il n'y avait pas de créneau pour ça dans les vers de sa poésie. Je lui disais ma façon de l'aimer en venant lui faire sentir l'odeur de mes mains savonnées après dîner, c'était plus utile et plus efficace. En un geste des mains, elle partageait propreté et affection. Son avis comptait, il fallait qu'elle sente que j'avais mis du savon, c'était mignon. En un câlin, elle n'aurait partagé que l'affection, c'était trop peu pour valoir le coup, quand on savait que d'une pierre, on pouvait faire deux coups.

Je pourrais parler d'elle des heures, et me noyer dans mes propos, raconter des souvenirs qui n'ont pas de lien, perdre le fil et aimer ça. Mais ce n'est pas ce que je veux.

Vendredi 23 novembre 2012

Depuis des jours, j'ai peur de voir s'aligner les lettres devant mes yeux, et laisser ma bouche prononcer à haute voix « J'ai grossi ».

Parce que j'ai grossi. Je récupère, je renoue avec la vie.

Je prends le temps de me calmer, de retrouver celle que j'étais, et que j'ai laissée de côté il y a quatre ans et demi. Je reviens vers elle, je reviens la chercher, la prendre par la main, pour l'emmener grandir.

Il a fallu rater pour ça, pour oser laisser mon ventre se remplir. Mon esprit vaincu par la masse alimentaire que j'ai progressivement réingurgitée, chaque midi, chaque soir, n'a plus eu d'espace pour se concentrer sur mes études. Mon esprit terrorisé.

Et devant la terreur, le silence, la traversée du désert. Les sensations désagréables que je ne voulais pas affronter, et auxquelles j'ai finalement ouvert la porte, parce qu'elles tapaient trop fort contre mon cœur brisé.

Je voulais me lever, partir, sortir du métro, dévaler les escaliers, attraper un vélo et lui offrir toute mon énergie. Mais cette fois-ci et toutes celles qui suivirent, dans la mesure du possible, j'ai dit non. Le temps, encore, laissez-moi du temps, j'y arrive, regardez mon visage, tâtez mon ventre. Il est mou, mes abdominaux disparaissent, et je ne les retiens pas. Mes hanches renaissent, et j'ose poser mes mains sur elles, mais laissez-moi du temps, l'après-midi qui suit le repas s'il le faut. Pour digérer, perdre le sourire, pleurer, avoir envie de courir partout, de mourir, et me calmer, accepter, abdiquer, puis vivre normalement jusqu'au prochain repas. Voilà ce par quoi je dois passer pour reprendre un rythme alimentaire « normal », celui où on mange à midi, pour reprendre des forces et du plaisir. Pour reprendre des formes et mon sourire. Avec le temps, je les retrouve, au prix de mes études, car ma concentration, perturbée par ces instants de reprise de poids encore hésitants, n'est pas disponible pour comprendre les décisions de la Cour de cassation, des M. M. X qui ont contracté des prêts, des contrats de travail à durée indéterminée, des remises de dettes. Ces cas pratiques ne sont plus rien devant mon corps qui a contracté l'anorexie. Lorsque le calme l'habite de nouveau, la journée est passée, et demain déjà, la lutte reprendra, sans que j'aie eu le temps de travailler, de voir des amis, ou de composer même. C'est un combat auquel on se livre en entier, jusqu'à ce qu'il ne reste plus une miette de culpabilité.

Il a fallu le leur dire à eux aussi, ces yeux parentaux embués de larmes devant mon pantalon de pyjama tombant.

Lundi 6 mai 2013

L'envie d'écrire est là, elle est venue m'habiter pendant tout le second semestre de cette troisième année de droit.

Ma guérison en cours.

Alors j'ai assisté en silence à la renaissance de ce corps. Et je n'ai jamais autant appris la force de l'esprit sur le corps.

Mes cuisses retrouvent les rondeurs que je couvais jusqu'à mes dix-sept ans, et mon ventre, la mollesse d'un être humain. Mon envie de corps dur comme de la pierre me quitte de jour en jour, et mes mains peuvent de nouveau masser ce corps de jeune femme. Ma poitrine gonfle. J'ai mal au dos, j'ai mal au ventre.

Le plus impressionnant demeure l'état de mon corps. La reprise de poids et le retour de mes règles ne sont presque rien devant le réveil de mon corps. Chaque matin, je m'éveille, couverte de sueur, des pieds à la tête. Il ne s'agit pas là d'apprécier la place qu'il prend, mais bien de le voir de nouveau vivre en dehors de toute considération pondérale. Je crois que c'est précisément là la différence entre un véritable travail vers la guérison, et une guérison en surface.

Mes parents – et comme je les comprends – ne jurent que par mon poids pour évaluer mon taux d'anorexie, si je puis dire les choses ainsi. À leurs yeux, je suis donc très loin d'être guérie. Transpirer ne traduit selon eux aucune forme de guérison, aucune renaissance d'un corps éteint cinq ans durant, si ce n'est plus. Transpirer est peut-être même encore la manifestation d'une autre maladie, ou l'un des symptômes de la même. Alors il faudrait simplement avoir grossi et prendre physiquement plus de place pour éradiquer l'anorexie. Il faudrait qu'en surface, on ne trouve plus matière à me regarder bizarrement. À les regarder bizarrement, quelque part, ceux-là qui m'ont élevée et m'ont donné tout leur amour. Il faudrait qu'ils obtiennent la preuve visible qu'ils ont bien fait leur travail, qu'ils étaient bons et bienveillants, qu'ils ont transmis la joie et le bonheur à leurs enfants. C'est précisément là que tout se joue finalement.

Depuis l'enfance, j'ai toujours eu quelque chose de différent aux yeux de ma mère. Dans ma façon d'être, d'écrire, de regarder, d'aborder les sujets, de gesticuler, j'étais différente. Différente du moule qu'elle a façonné pendant la vie qu'elle a menée lorsqu'elle n'était encore jamais tombée enceinte. Je ne correspondais pas à son idéal, et les choses étant ce qu'elles sont lorsqu'il s'agit de considérer le couple, je ne fus pas non plus aux normes de mon père, à certains égards. Le fameux moule de ma mère, dont la source remontait déjà à l'influence et à l'éducation donnée par son propre père, s'était désormais emparé de mon père. C'est pour faire tenir ces propos en trois lignes et ne pas m'étaler que je résume ainsi des choses dont la profondeur et la complexité me passionnent en réalité, tant elles sont invisibles à l'œil nu.

J'étais sa fille, son amour, son cœur, mais j'étais aussi « une autre façon de vivre » qui avait dans la tête d'autres ambitions, d'autres désirs, et d'autres questions existentielles que je n'ai jamais voulu taire. À elles, je leur ai donné de la place, je les ai pensées, écrites lorsque j'ai eu treize ans, et plus ou moins résolues au fur et à mesure de mon adolescence.

Sur un plan psychologique, lorsqu'il fallait manger, je ressentais mon ventre peser lourd, s'appuyer sur deux jambes qui marchaient vers un endroit que je ne choisissais pas, et qui ne pouvaient rebrousser chemin. Deux jambes qui ont eu moins de force pour se déplacer vers ce point de non-retour que je perçois désormais. Deux jambes qui ont risqué leur vie pour se sauver. Je ne réussis jamais vraiment à décrire la sensation qui m'a obligée à manger moins. La comparaison qui me satisfait le plus est celle d'une marge très fine entre mon corps et des fils barbelés, de sorte qu'en la consommant, mon corps soit au contact de ces fils. Me priver de manger n'était rien devant cette sensation.

Sur un plan physique, mon corps a minci légèrement, surtout trois ans après le commencement de mon anorexie, mais il s'est surtout éteint au fur et à mesure, pour ne plus prendre aucune place. Pour ne plus faire parler de lui. Le sang n'a plus coulé, les cicatrices ne se formaient pas, ou très lentement – j'ai une égratignure au creux de la cheville gauche depuis cinq ans ainsi qu'une autre sur la main gauche depuis trois ans, sur lesquelles aucune croûte ne s'est jamais formée. Mon corps était devenu ce que je voulais qu'il soit, inconsciemment puis consciemment : une armure. Le temple d'un robot. J'aurais pu le réduire à une succession d'organes déposés les uns sur les autres avec quelques os par-ci par-là, et de la peau pour contenir le tout. Rien de plus. Certainement pas le lieu d'une étreinte, d'un partage, d'un orgasme. Certainement pas le musée de pulsions de vie, ni celui de pulsions de mort. Certainement pas le contenant d'une âme.

À l'image de mon état psychologique, de ma frustration, de ma retenue, mon corps s'était éteint, ne disait plus un mot, n'éprouvait plus aucune envie, et ne ressemblait à rien qui soit capable de donner la vie un jour. On ne donne pas la vie quand on n'est plus en vie. Il se retenait d'exister, comme mon esprit le faisait, et ce spectacle qui se déroulait sous mes yeux ne m'a jamais heurtée. Je me voyais quelque peu dégrossir, mais certainement pas m'éteindre. Au contraire, j'ai cru respirer la vie avec ce rythme aux mille excès. Me dépenser physiquement, manger peu, travailler, rester debout dans le métro, dormir peu. J'ai cru que je parvenais mieux que tous à vivre. Et il m'a fallu un garçon qui commence à m'aimer pour me faire comprendre que j'avais un rythme dans lequel à aucun moment il n'y a d'instant de plaisir.

C'était donc ça, refuser le plaisir. J'y parvenais, à la vérité sale et sombre. Le plaisir, c'étaient ces fils barbelés. L'atteindre, c'était saigner, y laisser sa peau. Ne pas l'atteindre, c'était se préserver, se tenir à distance d'un danger que mon esprit avait rendu plus fort que simplement potentiel. La sensation, pour l'avoir plusieurs fois vécue lorsque tout a commencé, existait bel et bien. Tout était donc réellement inversé dans mon esprit. L'on n'était pas faits pour atteindre le plaisir, sans quoi l'on serait brûlés, mis au cachot, privés de respirer.

Cet état d'esprit, je crois, est né bien avant que j'échoue à mon bac de français. Une scène que je n'ai jamais oubliée en porte selon moi la marque : tandis que j'étais étendue sur un transat au soleil lorsque j'avais neuf ans, la tante de ma mère s'étonna très naturellement de voir mes poings serrés. Elle me dit mot pour mot : « Pourquoi n'es-tu pas détendue ? » Je n'ai pas tout de suite compris, croyant sincèrement baigner dans un état de décontraction. Elle fit alors allusion à mes mains contractées et refermées. J'essayai de les desserrer pour la première fois, et découvris un état que je ne connaissais pas. Je ne savais pas que je n'avais pas relâché tous mes muscles, affalée sur ce transat. Mon réflexe naturel n'était pas ce relâchement. Dans ce relâchement, au contraire, je n'étais pas à l'aise. Cette scène m'a marquée et a attiré mon attention sur un détail dont aujourd'hui je comprends qu'il incarne non pas l'accessoire mais le cœur d'une vie, d'une façon de dérouler le potentiel dont on est doté à la naissance. La raison pour laquelle certains écriront leur vie, et d'autres la subiront.

Je pouvais taire ces lignes sombres, me gaver et grossir de nouveau. C'est vrai, je pouvais. J'aurais l'aspect d'une fille de mon âge, je rentrerais dans le moule. J'aurais l'aspect d'une personne guérie. Enfin ! Il était temps ! Je serais guérie, aux yeux d'un certain monde.

Mais j'aurais les poings serrés encore, le corps encore avide de toute forme d'envie. Je serais en contact délibéré avec les fils barbelés, et ne serais même plus assez en vie pour ne pas supporter la sensation que ceux-ci me procureraient. J'aurais signé, pour paraître guérie au plus vite, mon renoncement à toute forme d'émanation de ma propre personne. Je serais une ombre, mais pas en apparence. Je serais une ombre, mais que devant mes yeux. L'anorexie est une forme de maladie que certains ne qualifieront jamais ainsi, c'est là son plus grand vice je trouve. L'anorexie peut être viable et accompagner la vie d'un être humain, la pourrir en silence, la supprimer en laissant le cœur battre pour convaincre ceux qui sont autour que tout va bien, que la vie n'a pas quitté ce corps tantôt maigre, tantôt assez dodu pour n'éveiller aucun soupçon. C'est de cette forme d'anorexie que j'ai le plus souffert, lorsque je n'avais pas encore idée de ce qui se tramait. Je n'étais pas assez maigre pour pouvoir faire un quelconque lien entre les sensations que je ressentais et cette maladie. Aux yeux d'aucun je ne pouvais légitimement faire ce lien. Au même titre qu'aujourd'hui, aux yeux de mes parents, je ne peux légitimement me considérer en train de guérir. La guérison ne rimera jamais avec ce corps qui reprend vie. Elle rime avec reprise de poids, *stricto sensu*. Bien trop déçue.

Mercredi 3 juin 2015

J'ai repris du poids.

Aujourd'hui, on ne me pensera pas malade en me croisant dans la rue. Ma silhouette est semblable à celle d'une jeune femme menue et petite de taille. Mon squelette n'est pas visible. Le gras de mes jambes a bien recouvert tout ça.

Aujourd'hui, je mange en moyenne quatre fois par jour, et mes portions sont généreuses et variées. J'adore prendre mes petits déjeuners dehors, ainsi que mes goûters. Je me bats d'ailleurs pour écouter mon ventre qui crie souvent au secours, assommé par toute cette nourriture que je regrette parfois. Souvent. Je n'ai plus la sensation que mes jambes ou mon bassin s'enflamment. Je suis capable de rester tranquillement installée sur mon siège après un repas.

Aujourd'hui, je ne fais plus de droit. J'ai obtenu ma licence en juin 2013, après un dernier semestre physiquement difficile. J'avais basculé en cursus par correspondance pour cette dernière ligne droite, parce que je n'arrivais plus à me rendre à la fac autrement qu'à vélo, or il me fallait pédaler une heure pour y aller et une heure pour revenir, sans jamais faillir. Aussi, je n'arrivais plus à y déjeuner autre chose que deux ou trois pommes. Lorsqu'il pleuvait trop pour que je puisse prendre un vélo, je cavalais dans le métro, la rage au corps. Et je guettais l'allure des personnes qui arrivaient dans le métro, au fur et à mesure des stations, afin de savoir si la pluie s'était arrêtée ou non. C'était devenu insupportable bien sûr.

Aujourd'hui, je fais de la musique. Après ma licence, j'ai eu l'opportunité d'autoproduire mon premier disque, un EP de cinq titres, grâce à une campagne de financement participatif. Entre les rencontres, bonnes et mauvaises, les questions qu'il fallait que je me pose pour la première fois et la multitude de choix à faire, la gestation de ce disque a duré neuf mois. Je n'ai jamais été sûre de rien, tout était flou et éprouvant. J'ai travaillé avec plusieurs personnes différentes dont je ne savais jamais vraiment rien, et qui n'en savaient pas beaucoup plus sur moi. J'oscillais entre l'illusion et la désillusion. L'illusion d'être « en plein rêve » et la désillusion d'un rêve que je croyais beaucoup plus empreint d'humain, d'humanité presque violente. Un partage très intime. Je me demandais tous les jours si la difficulté parfois douloureuse que j'éprouvais à chaque session de travail m'était due. Il faut dire que toutes les règles auxquelles je m'étais pliée jusqu'ici ne correspondaient jamais à celles qui gouvernaient ce travail nouveau auquel j'étais persuadée d'aspirer. Il me sembla naturel d'associer donc cette expérience difficile à mon statut de novice. Je n'avais pas de repères. Je n'avais jamais pris le temps d'élaborer mes relations humaines ailleurs qu'à l'école, avec mes amis et en famille. Mes expériences professionnelles étaient très brèves et me ramenaient aux rapports que j'entretenais avec mes professeurs.

Pour la première fois donc, j'étais confrontée à des personnes qui travaillaient pour mon projet en créant avec moi. Cela n'allait pas de soi. Nous travaillions dans le *home studio* des différentes personnes qui ont participé à la réalisation de ce disque. Nous n'avions bien sûr aucune notice de ce qu'il fallait faire. Rien n'est préétabli quand on crée. Il y avait leur oreille et mes envies, mes mots pour décrire la direction vers laquelle je souhaitais tendre, mes gants pour leur signifier que ceci ou cela me plaisait moins. Et puis il y avait mes silences surtout. Toutes les questions que je me posais devaient fuser le plus vite possible dans ma tête. Je revoyais mon enfance, mes influences, mes idéaux et mes projections. J'essayais d'établir à chaque instant, au fur et à mesure de leurs propositions et de mes indications, un tableau comparatif entre ce qui était flou et merveilleux dans mon imaginaire, et ce qu'il en advenait dans la réalité à l'instant où je le pensais, en écoutant rapidement ce que cela donnait. Bien sûr, ces réflexions personnelles ne me permettaient jamais de répondre précisément. L'indécision ne m'a jamais quittée. J'en avais des maux de tête atroces et les sessions me paraissaient parfois interminables. Je luttais contre le sommeil qui venait me chercher par instants, comme pour venir me sauver. Me sauver de quoi ? Il me semblait pourtant que j'étais au cœur de ce que je souhaitais : créer. J'étais entourée, nous créions ensemble. Je devais être en pleine forme. Pourtant mes yeux étaient lourds et j'étais silencieuse. Je m'en allais me défouler au sport après chaque session si j'avais le temps, avant sinon. Il me fallait un endroit où mon corps s'exprime. Sinon il restait immobile sur une chaise.

Il me fallut du temps pour comprendre, apprendre, réapprendre.

Je continuais d'appliquer les règles que j'avais apprises à l'école. J'avais l'attitude d'une fille sage et scolaire, et mes paroles seules racontaient une autre fille.

Lorsque j'affirmais ce que je souhaitais envers et contre toutes les propositions qu'on me faisait, je commençais ma transformation en une jeune femme déterminée. Mais ma présence demeurait celle d'une enfant qui n'ose rien. Cela en devenait presque gênant pour ceux avec qui je travaillais, qui ont l'habitude de collaborer avec des artistes, des indisciplinés. Il en résultait une ambiance un peu froide, dont je garde pourtant des moments de lâcher-prise qui m'ont rassurée. Il y avait autre chose, là-bas, au fond, très loin. Et j'y arrivais, petit à petit, cela me prendrait une vie peut-être, mais j'étais sur la bonne voie, ma voix m'en persuadait à mesure que je la laissais se déposer sur les maquettes multiples que nous avons conçues pendant ces neuf mois.

Vingt-sept ans.

29/05/18
*Mai 2018*

Le dire enfin.

Prononcer sans détour le mot dont on a dissimulé les contours ici et là.

Le dire à voix haute parce que c'est important. Le raconter parce que c'est le récit d'une autre qui m'a permis de comprendre ce qui m'arrivait à moi.

L'été de mes dix-sept ans, l'anorexie mentale est entrée dans ma vie, elle s'est emparée de mon corps, de mon inconscient, de ma conscience aussi, plus tard. Rapidement mes règles ont cessé, et au fil des heures qui s'écoulaient dans une journée, la liste des choses que j'avais mangées se tenait debout devant moi, sur moi, partout, écrasante. C'était nouveau, soudain, désemparant.

Ça commence précisément le lendemain de l'annonce des résultats du bac de français. L'échec, le basculement, aussi radical et massif que secret et inconscient. Je me souviens d'une promesse silencieuse de quelques secondes faite à ce moment-là devant un miroir. « Je vais devenir la meilleure, la plus puissante, partout. » Je revois ma tenue, ma coiffure, mon visage et mon regard. Il y a une autre que moi dans mon corps à cet instant précis, je le comprendrai bien plus tard.

Au retour de l'été, j'attaque ma terminale scientifique comme on entre au service militaire. Levée à 6 heures, une demi-biscotte sans rien avec un café, et des exercices de sport qui se comptent en secondes, puis en minutes, puis en heures. Toujours plus loin, toujours plus dur. Une rage, une colère, la sensation terrible de brûler, et pour éteindre l'incendie du corps après les repas, il faut s'agiter comme une folle. Prison transparente. Je maigris un peu, mais pas assez pour qu'on soupçonne quoi que ce soit.

L'année se déroule dans une solitude et un froid que rien ne réconforte. J'ai mon bac scientifique et de très bons résultats, mais le mal est là, profondément ancré.

Je m'égare un an en école de commerce, je m'y ennuie, je vagabonde dans le 11e, dans les petites librairies de quartier, à la recherche de je ne sais même pas quoi. Jusqu'ici, le mot n'a toujours pas été prononcé. Et puis je tombe enfin sur un livre, *Jours sans faim* de Delphine de Vigan, énième quatrième de couverture que je lis. Mais cette fois c'est ça. L'anorexie. Je suis anorexique. Je l'intègre petit à petit, je n'en parle pas.

L'année suivante, je commence des études de droit à la Sorbonne. J'ai un copain, son regard me fait m'aimer un peu mieux, à ses côtés je mange beaucoup, les rondeurs et les excès n'ont plus d'incidence. Mais c'est pire en fait. Je le mesure après la rupture. « Même dans ça tu échoues, tu n'es pas capable de le garder, tu n'es pas assez bien. » J'ai tout juste vingt ans, et l'anorexie s'abat de plus belle sur moi. Ne pas s'asseoir dans le métro, rester debout, ne me déplacer qu'à vélo, qu'il vente qu'il pleuve qu'il neige. Souffrir, jouir dans la souffrance. Tout inverser dans mon cœur. Et puis manger trois pommes le midi à la fac, puis deux, puis une. Avoir faim, être au bord de l'évanouissement et aimer ça. Mais le corps fatigué, je n'ai plus la force de me rendre à la fac. Continuer à distance, pyjama trop grand, l'angoisse du matin, crises de larmes à répétition, la détresse dans les yeux de mes parents. « Pourtant on lui a tout donné, elle a tout pour être heureuse, elle était si brillante, qu'est-ce qu'elle nous fait, merde ?! »

J'ai vingt et un ans, toujours pas mes règles. Je commence entre autres une psychanalyse, deux fois par semaine, qui s'étalera sur un an et demi. C'est dur mais je tiens quelque chose, une lueur. C'est un travail qui prend toute la place. Les populaires et les autres, le regard des autres, la place dans le groupe. Tout cela est lié. La nourriture n'est que la manifestation concrète de ces maux qui prennent racine dans l'adolescence, l'enfance. J'y étais prédisposée. Mais il me faut parler beaucoup avant qu'on voie le travail porter ses fruits. Il me faut tuer le lien avec la mère, le père, exister seule et par moi-même. Il me faut accepter qui je suis, différente certainement de ce qu'ils avaient projeté, de ce que j'avais feint, de ce que je me suis fait croire. Il me faut trouver ce courage de sortir du schéma des études, de changer de voie, d'accepter la mienne, qui pousse partout sur le papier. Des paroles, des mélodies, des maquettes, que fait-on de tout ça ?

Je suis en deuxième année de droit, je vais péniblement jusqu'à la licence, que j'obtiens. C'est le début d'une autre ère. La guérison est en marche. Cela durera plusieurs années.

J'ai vingt-trois ans, je fais désormais de la musique mon occupation principale. Je donne des cours parallèlement. La nourriture est encore un élément central qui travaille mon esprit sans cesse dans la journée, mais je l'apprivoise mieux. Je mange de nouveau, et quel bonheur. Je reprends du poids. Je ne disparais plus, au sens propre comme au figuré. Je vais vers celle que je suis profondément, et si mon corps n'avait pas réagi, je n'y serais peut-être jamais allée. L'anorexie comme un sauveur alors ? Je me pose la question. Je l'écris dans mes chansons, mais c'est encore masqué, j'ai peur d'en parler. La psychanalyse est terminée, je suis armée pour lutter seule.

J'ai vingt-quatre ans, j'ai vingt-cinq ans, j'ai vingt-six ans. Les années qui s'ajoutent au compteur ne m'effraient plus, je sais que je suis à ma place. L'anorexie n'est plus qu'une toile de fond. Mais là quand même, encore.

Ce n'est plus tant les repas, c'est plus insidieux. Toujours pas de règles. Pas de désir non plus. Je dois me conquérir en tant que femme, je le ressens très fort. C'est inhibé, quelque part enfoui je le sais, mais difficile à atteindre. Je me résous plus d'une fois à y renoncer, à feindre la femme sans l'incarner vraiment. Mais la frustration ne me quitte pas. Sur scène, dans ma voix, dans mes yeux, dans ma vie privée, quelque chose est éteint. Silhouette enfantine. Les artifices n'y font rien, bien sûr. « On ne naît pas femme, on le devient », disait Simone.

Février 2018. J'ai vingt-sept ans. Je fais des choix qui me suspendent au-dessus du vide. Je pourrais considérer que ces décisions marquent des échecs, pourtant cette fois ça ne sonne pas comme ça. Je quitte presque tout. Plus de repères, l'appréhension de la phase angoissante qui va certainement venir m'envelopper. Mais non, non. Le désir renaît, très fort, partout. Une célébration de la vie comme jamais auparavant. L'ivresse, la légèreté, le féminin, la jouissance. Je me sens vibrer, je me sens vivante. Ce qui doit s'écouler s'écoule de nouveau. Presque dix ans après. Un souffle créatif s'empare de moi, c'est rapide et intense. Le deuxième album naît en quelques semaines, si différent d'avant. C'est magnifique à vivre. L'anorexie me quitte sur la pointe des pieds, je la regarde me devenir étrangère. C'est long dix ans. Peut-être reviendra-t-elle, je n'en sais rien, mais je la domine aujourd'hui.

# Pourquoi ces personnalités ?

Au moment d'écrire ce livre, il m'a fallu sélectionner des personnalités afin de m'entretenir avec elles sur leur rapport à leur corps, leur notion de l'acceptation de soi, et leur rapport à leur image publique.

Si le choix a été difficile à faire, j'ai eu envie de sélectionner des personnalités dont les parcours m'intriguaient particulièrement et suscitaient mon admiration. Des personnalités dont je sentais qu'elles avaient, à travers ce que je percevais d'elles, un rapport à ce sujet qui ne s'écoule pas comme un long fleuve tranquille.

Pour certaines d'entre elles, comment passe-t-on d'une vie très simple et discrète à la mise en lumière que provoque une émission télévisée, un buzz sur Internet, un succès musical, et comment y survit-on ? Pour d'autres, comment assume-t-on publiquement la différence, l'altérité qui n'entre pas dans les rangs de la norme, que celle-ci soit visible physiquement ou au travers d'un propos que l'on défend ?

Chaque minute de ces huit entretiens m'a passionnée, et je ne remercierai jamais assez Laury Thilleman, Joyce Jonathan, Benjamin Siksou, Irma, Charles de Vilmorin, Paloma *aka* Hugo Bardin, Barbara Butch et Tristan Lopin de s'être livrés avec tant de sincérité. Ils ont fait don d'une partie d'eux qui, je le crois très fort, sera précieuse pour les jeunes et les moins jeunes qui liront ce livre.

Au-delà de ces entretiens, leur confiance m'a inspirée et soignée plus encore. La vulnérabilité qu'ils m'ont confiée est une source de lumière douce, fédératrice, pacifique, qui prouve que derrière un système en place, derrière une image publique, il y a d'abord des êtres humains qui se ressemblent tous et ne font qu'un avec le public qui les regarde.

Je vous laisse lire avec attention chacun de leurs parcours que j'ai pris soin de restituer de la façon la plus fidèle possible à nos entretiens.

# Laury Thilleman
## S'ÉMANCIPER

Journaliste, animatrice, entrepreneuse et femme engagée, Laury Thilleman est d'abord révélée par le concours Miss France, qu'elle remporte en 2011 à tout juste dix-neuf ans. Depuis, elle mène une carrière professionnelle qui ne connaît pas de frontières, s'illustrant brillamment dans de nombreux projets qui lui tiennent à cœur.

LAURIE DARMON : *Enfant, avais-tu une conscience de ton corps ?*

LAURY THILLEMAN : Oui, clairement, parce qu'il était plus grand et plus fin que la moyenne. Très rapidement, j'ai fait la même taille que la maîtresse sur les photos de classe ! Je mettais deux têtes de plus à tout le monde. J'étais une grande asperge filiforme !

J'ai pris conscience du corps vers huit ou dix ans dans la cour de récré, où on me faisait bien comprendre que je n'étais pas « dans la norme ».

Ce qui m'a aidée, c'est le sport. Ma différence me permettait de performer dans toutes les activités physiques auxquelles je m'essayais. Je pense que c'est pour ça aussi que le sport est resté dans mon ADN.

Du point de vue morphologique, c'était encore une autre histoire… Dès la primaire, je me forçais à manger énormément pour tenter de prendre du poids. Ça n'était évidemment pas concluant. Jusqu'à mes dix-huit ans, je suis restée vraiment filiforme.

LD : *Tu n'avais pas encore tes règles ?*

LT : Si, je les ai eues à treize ans. Et au même moment j'avais un monosein qui commençait à pointer le bout de son nez ! L'enfer : j'avais un pec à gauche et l'équivalent d'un raisin à droite. Ça me complexait énormément !

Je me souviens de ma première boum, en CM2, que j'avais eu le droit d'organiser dans mon garage. Et ma mère qui lance au moment du gâteau : « Vous avez vu le petit bout de sein de Laury qui pousse ? »

Ce jour-là je portais un débardeur jaune que j'adorais, ça m'a traumatisée, je n'ai plus jamais osé le mettre !

Depuis je n'ai jamais vraiment été à l'aise avec ma poitrine… Et avec mon corps tout court pendant longtemps… Il faut dire que j'ai toujours fait deux têtes de plus que tous les garçons dont j'étais amoureuse ; ils préféraient systématiquement mes meilleures copines !

Je ne peux pas dire que j'ai eu une enfance malheureuse, mais j'avais un vrai complexe physique ; je me disais juste que je n'étais pas trop comme les autres…

LD : *Est-ce que tu as reçu des paroles, des mots déplacés de la part des garçons ?*

LT : « L'asperge », c'était le qualificatif qui revenait le plus souvent… En même temps, c'était justifié ! Alors à la longue on s'en accommode, mais je crois qu'au fond ça laisse des traces… Ce surnom résonnait, résonne et résonnera toujours dans un coin de ma tête.

Bon, j'avais quand même un peu de ressources, et la seule manière que j'ai trouvée de leur clouer le bec, c'était de leur mettre la misère en sport : j'ai commencé à me rapprocher des garçons en jouant au foot avec eux dans la cour de récré, puis en m'essayant au rugby, jusqu'à finir devant eux au cross du collège.

C'était ma petite vengeance personnelle !

Petit à petit, je me suis fait davantage respecter et je suis devenue la « bonne copine ». J'avais bien compris que, de toute façon, je n'avais aucune chance. J'ai donc commencé à me « masculiniser ».

LD : *C'était spontané et naturel ou c'était vraiment réfléchi ?*

LT : Complètement spontané. Mais, au fond, je crois que c'était une stratégie de survie.

Et très vite je me suis rendu compte que je me sentais plus crédible et épanouie à tirer dans une balle de foot qu'à m'entraîner aux chorés des L5 dans la cour de récré.

LD : *Toi, tu avais cette facilité, cette aptitude.*

LT : Oui, j'avais cette fibre un peu naturelle avec le sport. C'est peut-être ce qui m'a sauvée et aidée – et ce qui me sauve toujours aujourd'hui. Quand je n'ai pas le temps de me défouler, je galère mentalement.

LD : *Comment est-on passé de cette Laury à celle qui un jour se présente à l'élection de Miss France ?*

LT : Il y a eu tout un processus avant. Alors que certains sont en pleine crise d'ado, moi je consacre tout mon temps libre à l'athlétisme. Et je suis plutôt douée là-dedans.

Un jour, en sortant d'une compétition, je vais avec mes parents faire des courses au Géant de Brest.

Dans le hall d'entrée, on se retrouve au milieu d'une animation qui ressemble à un défilé amateur. Sur l'affiche, on peut lire : « ELITE MODEL LOOK, devenez mannequin ».

Très vite, la responsable du casting s'approche de nous et me demande si je veux y participer.

Une vingtaine de filles sont déjà en train de défiler en talons aiguilles, sur le long tapis rouge exposé en plein milieu de la galerie commerciale.

Moi, je suis encore en mode post-compét : jogging, baskets aux pieds et pas douchée ! Mes parents me motivent sur le ton de la blague, je me lance avec une démarche approximative et zéro posture. Et là, contre toute attente, ça fonctionne, je suis sélectionnée ! Trois semaines après, je me retrouve à défiler, à quatorze ans, au Ritz, devant les plus grands noms de la mode.

Sur place, on passe toutes par l'étape relooking.

J'arrive avec ma crinière blonde et salée, et je repars brune, la coupe au carré. Je ne me reconnais même pas !

Je suis propulsée dans le milieu de la mode tel qu'on le fantasme – et tel qu'on le craint aussi. Ce n'était pas une expérience uniquement positive ; j'étais entourée de filles extrêmement motivées, prêtes à tout abandonner pour faire carrière dans le mannequinat !

LD : *Toi, ça ne t'avait jamais traversé l'esprit ?*

LT : Non, parce que ce n'était pas en moi et qu'on ne m'avait jamais valorisée pour mon physique. C'est aussi là que quelque chose a basculé. Quand je reviens en cours pour faire ma rentrée en troisième, tout le monde en parle dans les couloirs et dans la presse locale.

Ce qui me met assez mal à l'aise. Je sens qu'un autre regard se pose sur moi… celui des garçons aussi…

LD : *La lumière attire et la mise en lumière fascine !*

LT : Tout à fait ! C'était très surprenant et déroutant aussi !

J'avais tellement longtemps été moquée, et là me voilà « adulée », respectée…

Bien que je n'aie pas souhaité poursuivre l'expérience à Paris (je ne me voyais pas quitter l'école à quatorze ans), j'ai continué à défiler et à poser, mais plutôt dans ma région.

Rien de foufou, mais je commençais à me faire un peu d'argent en shootant pour les magazines Leclerc ou la Halle du coin… et ça m'allait très bien !

Jusqu'à mon permis, j'alterne mes études et mes petits jobs de « mannequin-hôtesse-serveuse ». De quoi me payer ma première petite voiture toute seule !

Puis l'expérience Miss France pointe le bout de son nez… Il faut savoir que souvent, en province, les photographes le sont à leurs heures perdues ; ils couplent cela avec une autre activité professionnelle. Un jour, un photographe, qui était aussi marin et dénicheur de profils, m'informe à la fin d'une séance photo que mon profil peut correspondre au concours Miss Bretagne ; il a été missionné pour le recrutement.

En Bretagne, il y a une certaine pudeur qui ne nous pousse pas forcément à nous présenter par nous-mêmes à ce genre d'événement.

Sans compter que je n'ai pas une grande estime du concours Miss France… et que c'est loin d'être dans mes priorités du moment : j'ai dix-neuf ans, je suis en pleins partiels. Mon école de commerce est financée par mes parents qui veillent à ce que je rapporte des bonnes notes plutôt que traîner dans des soirées étudiantes...

Mes seules distractions se résument au surf et à mes petits jobs étudiants.

Je conseille donc à ce photographe de se tourner vers une autre candidate !

Quelques jours plus tard, je rentre à vélo déjeuner chez moi, comme tous les midis. Mon père est là. On reçoit un appel sur le téléphone fixe, de la part du comité de Miss Bretagne.

Ils m'expliquent : « On a bien reçu les photos de *votre* photographe : votre profil a été retenu, nous vous attendons demain... *bla bla bla.* »

Sur le coup je suis flattée, un peu gênée et impressionnée aussi, je n'ose pas dire non.

Mon père me propose alors de m'accompagner ! Et quand je lui explique que j'ai cours le lendemain après-midi, il me propose de justifier mon absence par un mot. Mon père a toujours été mon supporter numéro 1 lors de toutes mes compétitions sportives ; mais qu'il me fasse un mot pour un concours de beauté, c'est du jamais-vu !

Son entrain me décide à y aller dans le secret le plus total, de peur de m'attirer les moqueries de mes camarades de classe !

J'ai débarqué sur place en Converse et avec un jean troué. Je me cherchais encore. Je me retrouve entourée de candidates perchées sur des talons de 10 centimètres et qui portent des minijupes ! Je me sens très vite hors sujet et pas à ma place.

Pour l'occasion, je m'étais quand même procuré des chaussures avec de minuscules talons, imitation cuir argentées (une horreur) ; on m'a prêté une robe rose aux reflets brillant : je ressemble à un macaron !

Mais on a fait deux heures de route pour cette sélection, alors pas question de se défiler ! BINGO, ça marche !

Le lendemain, je retourne à l'école… L'article du *Télégramme* relatant ma victoire est fièrement exposé à l'entrée ! La honte… S'ensuivent toutes les remarques et interrogations des profs et des élèves… Je me sens obligée de me justifier, d'expliquer que rien n'était préparé, que j'ai été appelée la veille pour le lendemain !

Une semaine plus tard, me voilà aux Maldives, entourée des trente-deux autres candidates au concours Miss France (la candidate de Bretagne étant la dernière élue avant le départ) ! À peine le temps de me faire une valise décente, j'embarque mes robes colorées Rip Curl et mes colliers en bois… Tout s'enchaîne à une vitesse folle…

C'est la deuxième fois que je prends l'avion de ma vie, premier vol long-courrier.

L'aventure commence, et c'est parti pour trois semaines de préparation au concours. Au programme : répétitions, séances photos, on nous apprend à poser, à marcher, à parler devant une caméra… À l'époque, il n'y a pas les réseaux sociaux, donc l'esprit de compétition n'est pas vraiment palpable. J'ai l'impression qu'on vit toutes cette expérience comme un cadeau et dans un esprit colonie de vacances !

Niveau solidarité, je peux aussi compter sur les filles. Je n'ai pas eu le temps de prévoir les tenues demandées : ni robes de soirée, ni talons adaptés… Miss Roussillon et Miss Auvergne me prêtent ce qu'il me manque et je les en remercie encore !

Un mois après ce fameux coup de fil pour l'élection de Miss Bretagne, on me pose la couronne et l'écharpe sur la tête : je deviens Miss France.

Je n'ai pas eu le temps d'être formatée, et c'est pour le mieux : j'ai vécu une année formidable, tout en sachant profondément que je voulais faire quelque chose de cette chance qui m'avait été donnée.

De plus, j'étais la première Miss Bretagne, un peu sportive, un peu surfeuse ; ils ont mis cet ADN à profit et j'ai eu le bonheur d'assister à des événements auxquels j'avais toujours rêvé de participer, de rencontrer mes idoles…

LD : *Est-ce que tu te sentais « traitée comme une marionnette » ?*

LT : Je pense qu'il s'agissait d'un renouveau, puisque Sylvie Tellier succédait à Geneviève de Fontenay. Elle voulait donc redorer, dépoussiérer le système : j'ai été le cobaye de cette évolution. C'était absolument formidable : j'ai eu l'impression que l'organisation de cette année de sacre était personnalisée et adaptée à ce que j'aimais, étais et désirais.

Toutefois, il y avait aussi une contrepartie à tout ça : pour un an j'étais la Miss de tous les Français, j'avais été élue avec une certaine morphologie, et je me devrais de rendre la couronne avec cette même morphologie.

Sauf que mon mode de vie avait radicalement changé. Si jusqu'ici je vivais dans ma Bretagne natale, surfais tous les week-ends et bénéficiais d'une alimentation équilibrée chez mes parents, là, pour la première fois, je me retrouvais à vivre seule à Paris, et je ne savais même pas me faire des pâtes !

Je mangeais au restaurant quasiment tous les jours, trinquais par politesse avec les personnes qui recevaient « la Miss »... Un planning à mille à l'heure, peu d'heures de sommeil, plus de sport... Alors fatalement j'ai pris du poids : 6 kilos !

LD : *Qui te le fait remarquer ?*

LT : La direction Miss France, Sylvie Tellier et toutes les personnes qui m'accompagnent chaque jour.

C'est la première fois que je prends du poids, qu'on me le fait remarquer et que je commence à culpabiliser pour ça.

LD : *Et ça t'a mise mal à l'aise ?*

LT : Oui, je sentais que les regards n'étaient pas bienveillants, qu'on me mettait la pression. De fait, j'ai cherché du réconfort dans la nourriture et dans les coupes de champagne lors des soirées mondaines que je découvrais cette année-là aussi !

Puis je rends ma couronne, et, enfin, on me fiche la paix !

Mais j'ai encore envie de dévorer le monde, dans tous les sens du terme. Je me mets une pression monstre pour prouver qu'il y a une vie après Miss France.

J'enchaîne les allers-retours entre Paris et la Bretagne.

Mon rythme est effréné, je gère tout toute seule, je reprends mes études, je monte mon entreprise... et je n'ai plus aucun exutoire sportif ! Je commence à ne pas me sentir bien dans ma peau... Il est alors impératif que je trouve une nouvelle activité sportive, mais pas si simple de trouver l'équivalent de ce que me procure mon océan...

LD : *Est-ce que tu projettes de retourner en Bretagne ?*

LT : Au début, c'était mon objectif, oui, mais je comprends très vite que tout se joue à Paris.

Personne ne te forme à ce qu'il se passe après Miss France.

Tu te retrouves un peu seule dans la nature !

Perso, j'avais déjà un peu préparé le terrain. Durant mon année j'avais récolté toutes les cartes de visite que je pouvais : producteurs, hommes politiques, journalistes… au cas où j'aurais besoin d'un stage ou d'un taf après mon école de commerce.

En parallèle de la reprise de mes études, je monte et dirige ma propre société ; à ce moment-là, je ne sais pas quelle direction je compte lui faire prendre, mais j'ai besoin d'une structure juridique pour répondre aux sollicitations – qu'elles soient médiatiques ou contractuelles.

Je rédige les mails, négocie des contrats, m'occupe de la comptabilité : bref, charge mentale maximale !

LD : *Mais tu es très jeune pendant ton année en tant que Miss France ?!*

LT : Je suis élue à dix-neuf ans et j'en ai vingt à ce moment-là !

Et toujours remplie d'espoir de reprendre une vie normale : retourner vivre en Bretagne chez mes parents, retrouver mon petit copain, mes amis, mon océan… bref, tout ce qui m'a été arraché en une soirée !

Mais le tourbillon est tel que je n'ai le temps de rien. C'est un arrachement, un déracinement.

Et tu sais, je crois qu'on n'est jamais autant attaché à sa région que lorsqu'on la quitte… Alors bien que je comprenne que Paris va être au centre de ma vie, j'ai sans cesse besoin de retourner auprès des miens.

LD : *Bousculer sa routine et n'avoir plus de repères, c'est très dur, surtout quand tu es sportive. Ton corps et ton mental sont rythmés par cette discipline.*

LT : En fait, on te reproche de ne pas faire de sport, mais on ne t'octroie pas le temps nécessaire pour t'y consacrer ! C'est ce que j'ai trouvé difficile. Je subis, mon corps subit, et puis la fatigue s'accumule.

Je suis salariée de la société Miss France pendant un an : il est indiqué dans mon contrat que je dois dormir onze heures par nuit au minimum ; mais évidemment ça n'arrive jamais ! Je suis supposée travailler cinq jours sur sept : *évidemment* que je travaille sept jours sur sept, que je dors cinq heures par nuit.

Mais c'est un très bon apprentissage de la vie, un apprentissage intensif qui t'enseigne l'adaptabilité ; tu dois pouvoir discuter avec tout le monde, un éleveur porcin comme le président de la République… C'est très formateur.

LD : *Mais tu restes toujours considérée par et pour ton physique, non ?*

LT : Alors c'est là que s'opèrent la transformation et la métamorphose. Comme je te le disais, je ne voulais pas nécessairement devenir Miss France, donc j'accueille ce qui m'arrive, c'est merveilleux et je passe une très bonne année.

Mais, dès le début, je désire ardemment faire de cette expérience non pas un boulet, mais une véritable force, que je structure et façonne par mes propres moyens et par mon identité. Après, évidemment, comme pendant un an tu es au service de la société Miss France, ton champ d'action est un peu limité... C'est donc les années qui suivent qui sont les plus excitantes et qui te challengent !

LD : *Tu es en quelque sorte la marionnette de Miss France ?*

LT : Je dirais plutôt le produit marketing d'une marque existante extrêmement puissante : tu exécutes ce qu'on te demande de faire. Moi, fille d'un père militaire et d'une mère travaillant dans les écoles, j'incarne la figure du « bon petit soldat ». On m'appelle d'ailleurs « Barbie Taquet » toute l'année, j'arrive aux rendez-vous déjà habillée, apprêtée, renseignée sur les manifestations qui m'attendent.

S'opère alors cette bascule en moi : j'observe et je songe à comment transformer tout ce que je vis pour que cette expérience soit bénéfique.

Je ne veux pas que ça devienne un handicap, parce que ça l'est pour certaines ex-Miss France qui se sont senties enfermées dans ce rôle toute leur vie !

Il faut dire qu'on subit une telle pression quand l'année s'achève : on nous demande tout le temps ce que l'on compte faire, comment on se projette, quels sont nos projets pour la suite... Tout ça s'ajoute à la pression qu'on se met déjà nous-mêmes ! Parce que tu veux te consacrer à des projets qui ont du sens, et pas devenir la potiche de Dechavanne sur « La Roue de la fortune » !

Je refuse une longue liste de projets similaires et beaucoup de gros chèques qui vont avec...

Forcément, peu de personnes comprennent, dans le métier on te fait culpabiliser, t'expliquant que ce genre de propositions ne se présente qu'une fois… Je ne sais pas comment l'expliquer, mais je suis sûre de moi à ce moment-là, sûre de moi parce que je sais que je dis NON pour les bonnes raisons.

J'arrive au bout de mon cursus en école de commerce et je décide de tenter ma chance en passant les concours des écoles de journalisme.

Je suis admise au CFPJ et me voilà repartie pour deux ans de master ! Les propositions et les offres continuent d'affluer, mais j'ai le sentiment d'investir pour mon avenir. Peut-être que je serai oubliée, mais au moins je serai structurée… Si un jour tout s'arrête, ce socle, cette fondation, ça existera toujours.

Si je résume aujourd'hui : j'ai fait cinq ans d'études supérieures, passé douze ans à monter mes business, à écrire des livres, à présenter des émissions…

Et un an en tant que Miss France !

Pourtant les gens ne retiennent que ça…

LD : *Parce qu'on te ramène toujours à cela ?*

LT : Ça arrive. Mais, depuis quelque temps, je rencontre des personnes qui ne savent même plus que j'ai été Miss France et c'est un combat de gagné. Ça confirme bien que, quand on a une intuition, il faut la suivre, ne pas la perdre de vue.

LD : *C'est une réussite.*

LT : Sylvie Tellier m'a toujours dit : « Le jour où les gens t'appelleront par ton nom et ton prénom dans la rue, c'est que tu auras réussi ta reconversion » ; alors je dirais que oui, c'est un combat de gagné.

Mais il y en a encore d'autres à mener.

Quand en interview on me dit : « Tu te prétends féministe mais t'as fait Miss France », je réponds qu'il y a dix ans, le mot « féminisme » n'existait même pas dans le langage courant !

J'avais dix-neuf ans : comment peux-tu demander à une fille aussi jeune d'être féministe ? Qu'est-ce qu'elle sait du féminisme ?

Personne ne m'a forcée à faire ça. Ça a été une opportunité, et moi, dans la vie, les opportunités, je les saisis, je les savoure et je les vis à fond !

Je suis programmée comme ça. Miss France, ça a marché, et j'ai décidé d'en faire quelque chose.

Et ce que je fais aujourd'hui, je l'aurais fait quoi qu'il arrive, Miss France ou pas. J'aurais juste peut-être mis dix ans de plus pour le faire. Ou cinq ans. En fait, Miss France m'a juste fait gagner du temps.

LD : *Parce que tu as su l'utiliser comme ça.*

LT : Peut-être, et je ne dis pas que ce que j'ai fait est le mieux ! Chacun est un cas d'école, à sa manière.

En revanche, je n'ai pas arrêté pendant dix ans : c'était nécessaire pour moi de faire, de prouver, de démontrer ; et je me suis épuisée.

Je sens clairement que mon corps lâche. Alors, depuis que j'ai passé la trentaine, je sens qu'un nouveau cycle s'ouvre à moi : je m'élève, je m'ouvre à la spiritualité ! Je suis plus dans l'être que dans le faire.

En fait, c'est comme si, de mes vingt ans à mes trente ans, je n'avais pas eu cette légèreté qu'une femme doit avoir. On m'a tellement stimulée, tellement mis la pression – même inconsciemment – en me demandant ce que je prévoyais, envisageais, désirais pour l'avenir ! C'est fou comme les gens ont des attentes, des fantasmes qu'ils projettent sur toi. Alors je suis devenue hyperactive, esclave de mon propre corps et de mon propre mental pour satisfaire les attentes des gens. Mais j'en ai assez : mon corps parle, mon corps crie ! Comme toi, j'essaie de l'écouter.

LD : *Ce temps s'impose de toute façon désormais.*

LT : Voilà, il s'impose. Et je te passe les moments où l'on m'annonçait ma propre grossesse, alors que ça faisait peut-être deux ans que j'essayais d'avoir un enfant, et que ça ne marchait pas !

LD : *C'est tellement violent.*

LT : Si ça se trouve je suis en train de faire congeler mes œufs aussi… Bien sûr que je n'allais pas en parler, mais c'est très violent ! Il n'y avait pas les réseaux sociaux à mon époque, je les ai découverts sur le tard. C'est par certains côtés merveilleux d'organiser sa propre communication, et en même temps, plus les années passent et plus tu te retrouves vulnérable et impuissante face à ce qu'on va dire de toi.

LD : *Ce qui ressort de ce que tu dis, c'est que tu sembles avoir toujours fait face. Tu as été très forte, tu as dû bomber un peu le torse, montrer tes muscles, ça t'a permis de t'accomplir.*

LT : J'ai adoré ! Mais là, je sens que le masque tombe et que les failles apparaissent… Ça m'a beaucoup fragilisée et je sens que je suis en train d'expérimenter ce qui ressemble à un *burn-out*.

LD : *Est-ce que tu as eu des indices que tu n'as pas su voir au cours de ces dix années ?*

LT : Je n'étais pas à l'écoute. Je n'avais pas les yeux assez grands ouverts ! J'ai été aveuglée, parce que je pense que j'étais dans une spirale infernale où je ne pouvais pas arrêter la machine…

Je n'ouvrais pas les yeux sur ce que je voulais et pensais. Et puis, je n'avais pas le choix : trop de projets étaient engagés, trop de gens impliqués.

Il y avait une grande culpabilité de ne rien faire seule. Bien sûr, j'ai monté les choses toute seule ; les idées, je les ai eues toute seule. Mais pour écrire un livre, il faut du monde ; pour une émission, il faut encore d'autres personnes, de même pour un podcast ou pour monter une marque.

J'ai toujours créé tous ces projets en me disant que s'il y avait le moindre problème sur l'un d'entre eux, je pourrais me rattraper sur un autre, mais finalement, c'est trop. C'est trop, et même si tout était harmonieux et complémentaire, je ne sais pas comment j'ai pu en venir à mener autant de projets de front ! Aujourd'hui, j'ai envie de tout laisser tomber. Tout. Mais je sais aussi que j'ai un public qui me suit… Un public qui a des attentes !

Mais en fait, à quel moment tu te fais du bien à toi toute seule ? Là, je sens qu'il est temps que je me prenne en main parce que mes signaux, je ne les ai pas vus. Je ne les ai pas écoutés.

J'étais trop prise dans un tourbillon pour avoir le temps de me poser la question : « Est-ce que je vais bien ? » En fait, c'est quand un cataclysme survient et perturbe tout qu'un nouveau cycle s'offre à nous.

Moi, c'est en faisant une retraite spirituelle de Pilates à Étretat que j'ai ouvert les yeux : je me voyais sortir de mon corps et mourir. Mourir.

LD : *Tu voyais ça ?*

LT : Oui. C'était il y a un an. Je sentais qu'il fallait que je me reconnecte avec le vrai moi, et non pas avec celui qu'on m'avait demandé d'être. Je voyais une falaise…

LD : *C'est un signal très fort, je vois très bien ce dont tu parles !*

LT : En fait, c'était nécessaire que je m'éclate au sol pour que je me reconnecte au vrai moi intérieur, à mon enfant intérieur. Quelque chose s'était brisé ; je ne m'émerveillais plus, je n'étais plus spontanée, j'étais comme esclave de mon propre corps.

LD : *D'ailleurs, comment as-tu géré le fait d'avoir vécu discrètement et puis soudain, d'avoir toujours un public, des gens qui te regardent et qui t'épient ?*

LT : Je me suis vue. Tu sais, tu vois de nombreuses images de toi défiler. Une fois, j'ai vu une photo de moi sur laquelle je ne me suis pas reconnue…

Et puis on est tellement, tellement exigeant avec soi-même. En 2012, 2013, on ne parlait pas encore du *body positivism*. Je n'étais absolument pas dans la bienveillance et dans l'autocompassion avec moi-même. On est bienveillant, on a de la compassion pour nos amis, mais pas pour soi ! J'étais si dure avec moi. Je voulais me reprendre en main, c'était nécessaire.

Après mon année en tant que Miss France, j'ai eu une période de relâchement – sûrement pour compenser la pression que l'on me mettait. Je sortais beaucoup parce que j'étais devenue quelque chose, quelqu'un. Mais je ne savais pas pour autant où j'en étais ni ce qui m'attendait pour la suite. J'étais perdue, je traversais un moment de flottement. J'avais beaucoup d'incertitudes quant à ce que serait l'après : est-ce que tout ça avait été la pire erreur de ma vie ? Ou ma plus grande réussite ? Je ne savais plus qui j'étais, je ne savais plus ce qu'était mon identité ni ce qu'on attendait de moi.

LD : *Mais surtout, je trouve que ça veut dire que ce qu'on considère, et ce qu'on t'a très vite fait comprendre aussi, c'est que tout ce qui est mis en lumière doit être parfait.*

LT : Oui !

LD : *Tout ce qui se passait intérieurement, en toi, est mille fois plus passionnant. Cette part vulnérable de toi n'était pas la bienvenue dans la lumière, parce qu'on attendait la perfection, parce qu'on était infiniment exigeant avec toi ! Tu as dû prétendre être parfaite, mais cela implique un tel degré d'exigence ! Alors que ceux qui te regardaient n'étaient pas parfaits. Et de fait, ces personnes commencent à penser qu'elles ne sont pas normales, parce qu'elles croient que la norme est ce qu'on voit sous le feu des projecteurs.*

LT : C'est ça. Et ça fait dix ans que je joue à la femme parfaite : c'est impossible à atteindre. Tu n'es jamais assez aux yeux des autres. Jamais.

LD : *Et puis tu enfermes ta vulnérabilité ! Tu l'enfouis.*

LT : Je pense que nous sommes tous très exigeants et perfectionnistes ; je pense que diffuser ces images parfaites n'a fait qu'accentuer ce perfectionnisme, jusqu'à le rendre presque maladif. Les gens ne voient de toi que l'image que tu renvoies, parfaite, sportive... Alors, tu bascules dans un contrôle permanent.

Par exemple, en soirée, si je voulais simplement boire une bière ou me la mettre à l'envers, je me demandais si j'avais le droit, si j'étais à la hauteur de ce qu'on exigeait de moi. De ce qu'on projetait sur moi. Il y avait en permanence une certaine dualité. Je craignais de décevoir les attentes des gens ; mais ces attentes, je les fixais moi-même ! On devient complètement schizophrène ! Complètement.

LD : *Je me permets une question. Tu fais remarquer que tu as tout le temps dû faire, sans savoir,* in fine, *ce que tu avais besoin de prouver. Est-ce que tu n'avais pas l'impression de devoir prouver ton intelligence ?*

LT : Si.

LD : *Parce que justement tu as été mise en lumière à la base pour ton physique...*

LT : Oui, j'ai développé un profond syndrome de l'imposteur. À la fin de leur règne, la plupart des Miss veulent travailler dans les médias, faire de l'animation. J'ai pensé que la meilleure manière de décrocher des projets intéressants et qui ont de la valeur à mes yeux, c'était de me consolider et de construire mon propre socle.

Alors, j'ai voulu finir mon école de commerce, avoir la meilleure note à mon mémoire, être prise dans la meilleure école de journalisme… Autant de projets à mener de front alors même que j'avais une existence à mille à l'heure, pleine de sollicitations. Je ne m'arrêtais jamais, ma vie était un tourbillon sans répit !

Je n'étais pas une étudiante comme les autres ; oui, j'allais à l'école tous les jours, mais, en parallèle, j'avais déjà ma boîte, et beaucoup de comptes à rendre ! Ça a duré quatre ans après la licence ; j'ai fait quatre ans d'études après, c'était épuisant ! Encore aujourd'hui, je ne sais pas dire comment j'ai tenu.

Mais ce qui me motivait profondément, c'était mon désir, ma volonté de prouver au monde que j'étais compétente. Avec mes diplômes, je voulais montrer que je n'avais pas volé ma place. Ça m'a donné une motivation, une énergie inépuisables.

Je refusais de subir le discours : « Tu es là parce que… » Non ! C'était hors de question ! Je suis peut-être plus diplômée que tous mes collègues auprès de qui j'ai bossé chez Eurosport, France Télé, M6…

J'avais quelque chose à prouver. Et on doit prouver mille fois plus quand on est une femme, quand on s'autoproduit, quand on crée… C'est fou ! Et ça dure encore aujourd'hui.

LD : *Ça poursuit longtemps, toute une vie ! C'est pour ça que je le disais tout à l'heure, l'acceptation de soi et le rapport au corps sont très liés ! Le rapport au corps est troublé en l'absence de l'acceptation profonde de soi. Peut-être que cette façon de gérer s'explique par cette volonté de se légitimer.*

LT : Exactement.

LD : *Et quand ça arrive, le corps ne devient pas une augmentation ou une amplification de l'âme, mais une enveloppe, un véhicule qui te permet d'aller d'un point A à un point B... Ton corps pâtit et souffre de ton besoin de te légitimer !*

LT : Moi, franchement, par moments, je me disais que j'aurais préféré ne pas être grande, ne pas être jolie, ne pas avoir de formes... Je sentais que c'était presque un handicap, parce qu'on ne te voit que comme ça, encore plus quand tu as été Miss France. On te réduit à ton physique. Constamment ! Et encore aujourd'hui, je m'interroge : comment me voient les gens ? Comment est-ce que je suis perçue ? Est-ce qu'on me parle, on me choisit, on me séduit pour ce que je *suis* à l'intérieur de moi, pour le petit enfant en moi, qui a un besoin d'amour immense ? Ou bien pour ce que je dégage : le fantasme, la force ? Et ça, ça fait peur. C'est terrifiant de ne pas savoir pourquoi on est aimé. Alors, j'ai dû me créer une sorte de carapace, une solitude. Je n'avais pas le choix, j'étais lasse de prouver aux autres que je n'étais pas que ça.

Je ne sais pas combien de temps ça va durer, mais franchement j'espère que ça va changer !

LD : *Je pense que c'est typiquement ce genre d'épreuve à laquelle tu es confrontée (Laury marche avec une béquille au moment de l'entretien) qui t'oblige à travailler en profondeur sur certains points, et je pense qu'il le faut, parce que sinon ça peut durer tout le temps !*

LT : Oui, mais du coup je suis un peu virulente parfois quand je sens qu'il y a un regard ou une interprétation par rapport à ça. Je suis sur la défensive. Tout le temps. Par l'humour, un peu par la provocation… Je n'ai aucun problème à être vulgaire ou masculine parce que c'est comme s'il fallait que je casse cette image que l'on a de moi. Je sais que c'est parfois un peu excessif, mais c'est mon bouclier pour dire : « Stop, je ne suis pas ça ! Je ne suis *pas* que ça ! »

LD : *C'est clair. Tu n'as pas non plus choisi le chemin le plus facile, parce qu'après tu as aussi été journaliste/animatrice ! Et ça, c'est dur ?*

LT : Oui !

LD : *C'est codifié ? On attend quelque chose de toi ?*

LT : Clairement. Surtout dans le journalisme sportif. J'ai été pendant six ans chez Eurosport. Ça a été mon école ; j'y ai tout appris : présenter, écrire, monter, faire de l'édition…

Peu à peu, France Télé est venue à moi. Je suis passée du journalisme pur et dur à de l'animation. C'est vrai qu'il y avait de nouveau une sorte d'objectivation, mais j'ai essayé de casser ça. En effet, quand on est venu me chercher, c'était pour des duos où il y avait un mec, et moi je devais « glamouriser » l'histoire…

Je m'y suis opposée ! Je n'ai pas fait tout ça, toutes ces études, ces six ans à travailler d'arrache-pied, pour ça. Il fallait batailler contre des hommes qui avaient évidemment plus de connaissances que moi, parce que ça faisait trente ans qu'ils étaient installés, alors qu'en tant que femme on s'use, on se bat pour s'alimenter, se documenter, prouver qu'on a aussi notre place !

C'était une époque où il n'était pas facile de s'imposer en tant que femme. Je n'ai pas vécu de choses trop raides en rédaction, mais on sentait que ce n'était pas un milieu qui acceptait vraiment les femmes pour ce qu'elles avaient à expliquer, mais plutôt pour ce qu'elles avaient à montrer.

Donc, pour France Télé, j'y étais opposée, je refusais d'être leur petite plante verte et leur outil pour glamouriser un programme. Moi, si je présente la fête de la Musique avec Garou, je veux qu'on ait le même temps de parole, le même travail.

J'ai donc dû me battre sans relâche pour refuser ce rôle qu'on tentait encore et toujours de m'attribuer.

Jusqu'au jour où j'ai présenté les Victoires de la musique en solo. C'était vraiment quelque chose ! J'ai enfin eu la sensation d'avoir mérité ma place. Évidemment, ça n'a pas été simple. J'ai remarqué que plus tu es exposée, plus tu es mise en lumière, et plus tu es critiquée, quoi que tu fasses. Si ce n'est pas parce que tu as bafouillé, ce sera sur ta tenue, ta coiffure. Il y a toujours quelque chose à critiquer, à attaquer. Mais laissez-nous tranquilles ! Quand est-ce qu'on pourra simplement apprécier la valeur travail des femmes ?

Je suis une bosseuse *acharnée* comme toi tu l'es ! Mais même si on a passé des heures à préparer un lancement, quand on est une femme, on sera critiquée pour tout : si on est trop, si on n'est pas assez, trop énergique, trop lisse, trop habillée, pas assez apprêtée…

On est critiquées. Jamais félicitées.

Regarde : trois heures trente de direct… Je n'ai pas pris une seule pause ! Sans pub ! Trois heures trente ! Même Nikos ne fait pas ça ! Laissez-nous vivre, laissez-nous faire notre métier, vibrer de notre passion !

Si je sauvais des vies, j'accepterais plus les critiques, mais là, je n'opère pas à cœur ouvert : on parle de musique ! Un sujet qui doit être doux et léger, joyeux !

Pétez un coup, buvez un shot, prenez une douche froide ! Mais laissez-nous.

Mais laissez-nous vivre et respirer, aimer ce qu'on fait et conserver notre spontanéité, notre humanité, notre bienveillance et notre empathie au lieu de nous façonner, de nous modeler à votre guise, à votre image ! Votre image, d'ailleurs, elle dit quoi de vous ? J'aimerais bien vous voir à notre place, faire tout ce que l'on fait plutôt que nous détruire !

C'est comme si on essuyait les plâtres, nous, si on préparait le terrain pour les prochaines femmes seules aux commandes, et je trouve que c'est important de dire que c'est dur et violent ! Et qu'il faut faire bouger les lignes maintenant pour les prochaines, qu'on laissera tranquilles, je l'espère.

LD : *Et tu vas y participer ?*

LT : J'espère, je pense que notre rôle, il est là !

LD : *Tu y participes déjà, mais discuter avec toi me conforte encore plus dans ce que je pensais et dans ce que tu dégages, dans ce que je vois de toi et que je n'arrivais pas forcément à formuler. À mon avis, ta légitimité va exister…*

LT : Mais tu sais, parfois je ne sais pas si j'ai les épaules pour endosser tout ça…

LD : *Je comprends, mais il ne faut pas le voir comme une source de pression.*

*C'est juste qu'à mon avis, pour déconstruire plein de schémas où l'on doit prouver qu'on mérite notre place, la clé est dans la spontanéité. Tout ça s'est passé dans l'enfance, ça se voit quand tu me racontes la petite fille que tu étais, spontanée, et tu avais quelque chose de très vivant et de très actif, de très « en vie ». Dis-toi que la pierre précieuse, elle est là ! Retrouve ta spontanéité. Celle que tu es spontanément n'a rien à prouver à personne, elle sait très bien vivre, interagir, faire. Je sais que ça peut prendre une vie, je sais.*

LT : Mais parfois, on nous fait perdre ça.

J'espère ne pas perdre ça, parce que cette violence peut conduire à la perte de ton essence. Et là, tu ne sais plus qui tu es.

LD : *Bien sûr, évidemment, ça t'inhibe ! Mais si tu acceptes complètement qui tu es et surtout que tu épouses tes conditions profondes, tu peux changer les codes de la présentation et de l'animation à la télé ! Tu le fais déjà, je trouve, mais encore plus !*

LT : Pour les Victoires, c'était impossible, tu vois, parce que j'étais trop frustrée de ne pas pouvoir avoir d'échanges avec les artistes.

LD : *Mais sur le coup, au pire tu te fais réprimander dans l'oreillette, non ?*

LT : Ah non, mais personne ne me fait de reproches, en plus ! Encore une fois, c'est juste moi qui suis un bon soldat !

LD : *Justement, ne le sois pas trop. Les bons soldats sont aussi ceux qui savent dealer avec leur intuition, leur instinct.*

LT : Grâce à Daniela Lumbroso, j'ai réussi à faire bouger des choses ! Sur tous les autres programmes, oui ! Les Victoires, c'est plus difficile, parce que c'est tellement politique. Personne ne veut le faire parce qu'on sait très bien qu'on va se faire critiquer, quoi qu'il arrive. En fait, les gens voudraient uniquement de la musique. Mais trois heures trente de musique en direct ? Comment tu changes les décors ? Comment tu fais vivre l'univers des uns et des autres sans des petites interséquences ?

Je préférerais aussi qu'on ait plus de moments d'échanges, pour demander : « Ça s'est passé comment ? C'est quoi, la pression ? »

Pour vraiment rencontrer ces jeunes qui viennent juste d'éclore et sont pleins de fraîcheur. J'aimerais avoir plus de liberté pour échanger avec eux.

Moi, lire un prompteur, ça ne m'intéresse pas. Je suis forte et épanouie dans l'humain. Et moi, quand tu ne me donnes pas ça, je ne suis pas pleinement heureuse !

LD : *Si tu épouses les codes du système, ça n'ira pas.*

LT : Non, ça n'ira pas.

LD : *Ce n'est pas ainsi que tu vas apporter ta pierre à l'édifice, ou, du moins, que tu vas te sentir exister. Il faut le savoir, et ça peut être difficile : ça implique de faire des pas de côté. Je suis un peu là-dedans aussi. Mais c'est merveilleux quand le corps réagit : ça veut dire que ça vaut le coup. Ça signifie qu'une source spirituelle nous dit : « Attends, tu as quelque chose à faire, il faut rectifier le tir, il faut que ton corps te le dise parce que sinon tu ne vas pas le faire. »*

LT : J'aurais adoré être artiste, savoir chanter ou jouer d'un instrument. Mais comme je n'ai pas ce talent, c'est un peu comme si je le vivais par procuration, par votre intermédiaire !

De la même manière, je n'ai jamais été sportive de haut niveau ; je me suis blessée à de nombreuses reprises et j'ai des genoux fragiles. J'ai donc présenté les jeux Olympiques, et j'ai eu le bonheur d'être aux côtés de tous ceux qui m'ont fait rêver derrière mon petit écran !

Je continue de m'émerveiller chaque jour ; tant que je continuerai d'être émerveillée, j'exercerai ce métier. Quand je ne le serai plus, c'est qu'il y aura un problème.

LD : *C'est clair. Si tu devais dire quelque chose à la jeune fille que tu étais, que dirais-tu ?*

LT : À la petite Laury ? Ne sois pas trop pressée, pas trop exigeante… et ne t'inquiète pas : ça va bien se passer.

Ta petite étoile est là, suis-la, ressens-la, parle-lui, interroge-la. Mais, surtout, ne sois pas trop pressée.

On a tendance à oublier la temporalité et l'intuition. On n'est jamais aussi intuitif que quand on sort du ventre de notre mère. La société et la scolarité nous font perdre cette intuition. Il faut donc nourrir cet instinct : c'est notre boussole et elle nous sauvera de tout. Souvent, j'avais l'intuition qu'il y avait beaucoup de choses qu'il ne fallait pas que je fasse et je me suis écoutée.

J'ai toujours eu derrière la confirmation que j'avais bien fait de m'écouter.

# Benjamin Siksou
# POSSÉDER SON CORPS

Auteur-compositeur-interprète, Benjamin Siksou est révélé au grand public lorsqu'il participe à l'émission « Nouvelle star » en 2008. Il est alors propulsé sous le feu des projecteurs et poursuit depuis une carrière artistique au cinéma et dans la musique.

LAURIE DARMON : *Plus jeune, avais-tu une conscience de ton corps ?*

BENJAMIN SIKSOU : Oui, bien sûr. J'avais conscience de ce qui n'allait pas, de ce qui me différenciait des autres. Je me rendais notamment compte que j'étais plus gros que les autres.

LD : *Tu étais en surpoids ?*

BS : Un peu ; j'étais « bouboule ». Plusieurs périodes se sont succédé, avec des situations différentes, mais on va dire que de six à seize ans, j'avais des problèmes de poids et je faisais des régimes. Je consultais un pédiatre pour cela et il ne fallait pas que je mange de sucre. Je voyais tous les autres, secs et fins, qui pouvaient se permettre de manger du lait concentré sucré à la récré…

LD : *Des berlingots ?*
BS : Oui, et d'autres choses. Mais moi, pas.

LD : *Mais on te le faisait remarquer ?*
BS : J'ai reçu des réflexions très dures par moments. Par exemple, en colonie de vacances, on m'a dit une fois : « Sauvez Willy » en me pointant du doigt. C'était très dur.

LD : *Mais tu étais vraiment en surpoids ?*
BS : Je n'étais certes pas obèse, mais j'étais trop gros.

LD : *C'était une morphologie naturelle ou c'est arrivé comme ça ?*
BS : Non, c'est arrivé comme ça.

LD : *Parce que tu mangeais trop ?*
BS : Oui, déjà, mais c'était aussi psychologique. Un de mes frères a commencé un régime, et, voulant tout faire comme lui, je m'y suis mis aussi. Et c'est là que j'aurais commencé à grossir. En même temps, je faisais beaucoup de sport, de tennis, et j'étais très bon. Mais le surpoids me faisait rencontrer des difficultés nouvelles ; par exemple, je courais moins vite.

LD : *Tu avais moins de capacités ?*
BS : Oui, et pourtant, en parallèle, j'adorais le sport, je rêvais d'en faire beaucoup, notamment de la musculation. Mais on m'opposait que j'étais trop jeune, que c'était trop tôt. Donc j'avais effectivement une conscience de mon corps, mais au-delà de ça, j'ai eu très tôt une conscience des canons, d'une norme…

J'avais l'impression de déborder. Je me souviendrai toujours de ces heures passées devant le miroir, à rêver de me couper les bourrelets au sécateur. C'est une image qui me reste.

LD : *C'est très intense ! Tes parents te faisaient des remarques ?*

BS : Alors c'était ma mère qui m'accompagnait chez le pédiatre. Finalement, mon frère et moi devions nous soumettre aux mêmes restrictions. C'est ce qui a fait de l'alimentation et du corps de véritables névroses.

LD : *Une sorte d'obsession.*

BS : Oui, surtout quand manger est devenu une sorte d'interdit. Après, je mangeais tout de même des aliments sucrés, mais beaucoup moins que les autres.

LD : *Oui, tu t'interdisais de manger un goûter par exemple...*

BS : Oui, mais finalement je mangeais un couscous au petit déjeuner pour éviter de consommer du sucre ! Un couscous au petit déjeuner, tu te rends compte ? C'était encore pire que si je mangeais un bol de céréales.

LD : *Donc tout cela se portait plus sur la nourriture salée que sucrée...*

BS : Sur les plats cuisinés ! Ou les sandwichs. Par exemple, à 16 heures, plutôt qu'un pain au chocolat, je mangeais un sandwich.

LD : *Oui, c'est plus lourd. Et pendant toutes ces années, tu n'as fait que grossir ou tu t'es stabilisé sans parvenir à redescendre ?*

BS : Je pense que ça a été une courbe un peu pyramidale.

LD : *Pendant ces années au cours desquelles tu étais en surpoids, est-ce que tu sens que cela a induit, en dehors de ce que tu ressentais envers toi-même, une différence de jugement, socialement parlant ?*

BS : Cela met de côté, à part. Il n'y a pas que ça, mais ça te différencie. Et comme tout ce qui te différencie, ça peut devenir un complexe. Et comme on nourrit le complexe, ça grossit et prend beaucoup de place.

LD : *Mais tu avais posé des mots là-dessus ? Pouvais-tu parler à quelqu'un de cette obsession, cette névrose, cette conscience que tu avais de déborder ?*

BS : J'en parlais ! On communiquait là-dessus chez moi.

LD : *C'était un sujet de discussion un peu punitif ? On te reprochait de ne pas avoir fait assez d'efforts par exemple ?*

BS : Alors ce n'était pas à proprement parler culpabilisant. Mais on me disait que c'était comme ça, qu'il me fallait fournir un effort maintenant, et comme ça, après l'adolescence, ce serait bien. On m'assurait que plus tard, je ferais ce que je voulais, mais pas maintenant.

LD : *Et au moment de ta puberté, tu en as souffert un peu plus ?*

BS : Tout est tellement horrible à cette période que ça s'est rajouté... Mais en un sens, ça n'était qu'une goutte d'eau supplémentaire dans les complexes. De toute manière, personne n'est vraiment à l'aise avec son corps à la puberté. On a tous des complexes : c'est trop petit, c'est trop grand, c'est trop gros, c'est trop maigre, c'est trop poilu, ce n'est pas assez poilu, c'est trop vieux, c'est trop jeune, c'est trop ou pas assez, et, surtout, c'est nouveau. C'est dur quoi qu'il arrive. Personne ne vit bien cette période. Et puis, on nous prévient tellement que « ça va arriver » qu'on angoisse beaucoup avant que ça n'arrive, avant de savoir vraiment ce que c'est véritablement et de l'éprouver ! Il y a une appréhension énorme autour du « c'est bientôt ». Un peu comme quand tu dérives sur une rivière avant une cascade, et que tu aperçois celui qui est déjà tombé.

LD : *Je suis d'accord. Et la musique dans tout ça, pendant ton adolescence, était-ce une façon de te faire appréhender autrement que* via *ton physique par les gens ?*

BS : Je pense que beaucoup de choses sont arrivées en même temps. Il y a eu le moment où j'ai commencé à chanter un peu et à prendre des cours de chant, vers mes quinze ans. C'est à peu près concomitant avec mon apprentissage de la guitare, ma rencontre de musiciens autour de moi, le fait de jouer entre amis... Je pense que c'est un tout ; tout est arrivé en même temps.

LD : *C'est là que tu maigris ?*

BS : C'est effectivement là que je commence à perdre du poids, mais je ne me souviens plus précisément…

LD : *Peut-être que tu as une mémoire un peu sélective…*

BS : Aussi. Par exemple, je vois une photo de moi en quatrième, et j'ai l'impression que je suis assez émacié. Et en même temps, je vois une photo de moi un an auparavant, et j'ai l'impression d'avoir huit ans. Je pense qu'il s'agissait plus de va-et-vient que de quelque chose de pyramidal finalement. Mais, dans ma tête, je me considérais juste comme gros.

LD : *Tu ne t'imposes pas d'être maigre pour commencer la musique ?*

BS : Pas du tout. Parce que, pour moi, la musique, c'est vraiment quelque chose d'intérieur, c'est l'âme. C'est quelque chose qui vient de l'émotion. De la joie. Et qui élève. Et je pense que c'est toujours à cela que je me raccroche, quand je me pose des questions. C'est ce qui m'a élevé, plus que toute autre chose. Il n'y a plus de corps ni de contour.

LD : *Mais tu ne conscientises pas qu'il va peut-être y avoir sur toi un regard au moment où tu fais de la musique devant d'autres personnes ?*

BS : J'ai eu cette conscience plus tard. J'avais déjà commencé les concerts. Mes amis, les baby-rockers des années 2000, avaient une vraie conscience du style, du corps, de la sexualité. Il y avait quelque chose de l'ordre de la représentation. C'était un jeu à la fois très intégré et très inconscient. C'était très spontané, sans dimension marketing. J'étais un tout petit peu plus vieux et ne faisais pas directement partie de ces groupes même si c'étaient mes amis, avant même que tout cela soit très médiatisé. Et j'ai mesuré que je n'avais aucune conscience du jeu de scène ; ils me fascinaient, dans leur manière de parvenir à gérer ce qu'ils dégageaient.

LD : *J'ai tendance à supposer que le moment où tu perds du poids et le moment où tu te consacres à la musique sont corrélés, non ? Parce que je pense qu'au moment où tu commences à t'exprimer avec quelque chose qui est profondément de toi, et que, de fait, ton identité ressort, le rapport que tu entretiens avec ton corps devient moins troublé. Il est plus serein, il est plus aligné.*

BS : Oui ; il y a quelque chose qui te conforte. C'est là que j'ai mesuré que je n'étais pas qu'un corps, qu'il n'y a pas que le corps. Mais je pense que tu le sais déjà.

LD : *Je pense surtout que le corps est le vécu d'une âme. De fait, il reçoit une âme et il n'est pas une entité à prendre à part de l'âme. Par « âme », j'entends le lieu où l'identité peut se déployer et exprimer qui on est. Donc, si ton âme peut s'exprimer, alors je pense que le corps prend la bonne forme – du moins, la forme qui épouse l'âme. Je crois que c'est ce qu'il se passe pour toi à ce moment-là.*

BS : Oui, c'est juste, mais cela correspond aussi à une période où je me pose beaucoup de questions sur la vie, la sexualité, la solitude, la mélancolie, et je fais une dépression. Je crois que cet état participe aussi à me faire maigrir. La musique me permet d'oublier cette tristesse ambiante, de trouver une réponse, une respiration, et ça me nourrit. Encore une fois, la musique, c'était ce qui m'élevait avant tout : ces voix qui n'allaient vers nulle part, qui ne venaient de nulle part, qui se dirigeaient vers les cieux. Tu vois, c'est la foi, ça touche au sublime. C'est une sorte de transe, à partir de tout ce qui sort du corps, qui échappe au corps. Il y a une musique sacrée et une musique du diable qui est la pulsation du sexe. Je n'avais absolument pas conscience de tout cela, mais dans ce que je chantais très innocemment, il y avait quand même de cela. Je ne sais pas comment la sexualité évolue, peut-être qu'elle est là dès le début ou qu'elle évolue avec l'âge, mais en tout cas, je ne comprenais pas cette histoire. Qu'est-ce que raconte cette pulsation de James Brown ? Si tu n'as pas les références, tu ne comprends pas !

LD : *Au moment de ta participation à « Nouvelle star », tu t'apprêtes justement à faire de la musique en étant beaucoup plus exposé. Comment appréhendes-tu cela ?*

BS : J'ai été subitement lancé sous le feu des projecteurs. Je me retrouvais sur scène, quelque chose dont je rêvais mais que j'avais toujours un peu évité. Par exemple, j'avais évité de m'exposer avec le théâtre, alors que la musique, j'y étais toujours allé la tête la première sans me poser de questions ! Le théâtre me faisait envie, mais je n'avais jamais osé, par pudeur, par timidité, alors que la musique me donnait un costume, un bouclier. Cette exposition a été violente, tout était intense dans cet épisode brutal, autant dans le positif que dans le négatif. Tout est trop, et on n'est jamais préparé à ça.

LD : *Ce qui est marquant à l'écran, c'est que lorsque tu fais de la musique, c'est très corporel : ton corps est expressif, on voit que la pulsation sort de toi, il y a quelque chose de sauvage. D'ailleurs, je me demande si ça n'a pas participé encore plus à ce phénomène que tu as incarné. L'émission est très regardée à ce moment-là et cette fois, on te désigne comme le canon de beauté maximal.*

BS : Je me trouve très maladroit ! En revanche, il y avait quelque chose qui m'étonnait. Je regardais les images, et j'avais l'impression que ça n'était pas moi. Mais c'est là aussi que s'est développée une sorte de dissociation plus générale, en lien avec le succès que j'ai eu. J'ai été dans une sorte de déni.

LD : *Parce que juste avant de faire cette émission, on ne t'a jamais dit que tu étais le « beau gosse » ?*

BS : On commençait à me le dire juste avant parce que je commençais à tourner un peu dans des films. Ça me donnait des ailes et une assurance pour tester des choses sur mon image. Je faisais par exemple des petits clips et des vidéos où je me mettais en scène en faisant de la musique. Il y en a notamment une où j'étais torse nu, jouant de la guitare avec une cigarette dans la bouche. Déjà, se mettre torse nu, c'était quelque chose pour moi. Ça me semblait invraisemblable, mais je l'ai envoyée à deux amis le soir pour rire et j'ai eu des retours positifs de leur part ! Alors je l'ai postée sur MySpace dans la foulée et je pense que c'est ce dont on me parle le plus aujourd'hui encore, parce que c'est sans filtre.

LD : *C'est une mise en scène de ton corps ou de ton image que tu décides entièrement ; tu es à l'aise. Mais on est loin de celui qui ne pouvait pas le faire parce qu'on le pointait du doigt.*

BS : Après, c'était dans ma chambre, j'avais dix-sept ou dix-huit ans… Comment transformer cela ? C'est quelque chose que, pour le coup, je n'ai jamais transformé, cette aisance en solitaire.

LD : *Moi je trouve que pendant ton casting à « Nouvelle star » devenu si mythique, quand tu chantes « Just the Two of Us », tu incarnes quelque chose qui était assez similaire à ce que tu décris de toi dans cette vidéo qui te caractérise. Il y a quelque chose de très sauvage qui est captivant.*

BS : J'adore… Je pense qu'il y avait autant d'insouciance que de volonté de briller. Puis, j'avais la conviction que c'était ma place, même si ce n'est pas exactement celle que je voulais à ce moment-là. J'avais un petit recul quant au fait que je me prêtais à une émission télévisée qui ne rimait pas parfaitement avec ma vision de la musique, mais on finit par perdre ce recul quand on est dedans. Et puis il y avait aussi quelque chose de l'ordre du rêve de gosse, c'était le « Graine de star » de Laurent Boyer dans les années 1990 ; j'étais biberonné à ça aussi, et à la télévision en général. Sans tout cela, je ne suis pas certain que j'aurais fait « Nouvelle star ».

LD : *C'est vrai ?*

BS : Oui, je rêvais de toutes ces émissions. Aujourd'hui ça m'inquiète ou m'indiffère, mais petit, je trouvais fascinant de voir d'autres enfants à la télé, moi qui avais du mal à me regarder.

LD : *Avoir ensuite brillé de la sorte a été une revanche, tu penses ?*

BS : Certainement une revanche sur la frustration, parce que ça m'a énormément frustré. Après, je pense que la frustration a aussi un intérêt, elle permet de voir que tout n'est pas dû. Mais j'étais en tout cas nourri de frustration à plusieurs niveaux : sur le plan physique mais aussi sexuel. La question, c'est ce qu'on en fait : est-ce que tu essaies à tout prix d'atteindre ce que tu désires ? Mais je ne me sentais pas habité par une vraie volonté de revanche non plus. Ce n'était pas un moteur.

LD : *C'était plus inconscient...*

BS : Oui, je pense...

LD : *Que fais-tu de ces stéréotypes qui te sont associés pendant cette aventure ?*

BS : Je ne sais pas, je ne m'en rends pas compte, ou alors je me dis que je souhaite être classe, être élégant pour passer à la télévision. Je me souviens notamment que je voulais toujours être chic, porter des costumes.

LD : *Et après, une fois que tout le monde s'est fait une idée telle que : « Benjamin Siksou, c'est le beau gosse, le play-boy », comment as-tu géré ?*

BS : L'année suivante, j'ai fait une vraie tournée avec mes propres chansons et mes musiciens, et cette fois, je recevais depuis le public des soutiens-gorge et des culottes qui pendaient à ma guitare ; cela confirmait et ancrait l'idée du « chanteur à minettes ».

LD : *Et du coup, comment as-tu géré le fait qu'on projette sur toi quelque chose que tu n'aimais pas ?*

BS : Mal, mais en même temps, je pense que j'en ai profité pour faire de beaux concerts, pour remplir des salles, avoir des rôles – mais certains ont dû me filer entre les doigts aussi à cause de cela. La pression énorme pesait davantage sur ce qu'on attendait de moi que sur quelque chose de purement physique. J'ai beaucoup entendu qu'on attendait « la relève ».

LD : *Et cela t'a paralysé ?*

BS : Ah oui, ça m'a beaucoup bloqué.

LD : *En dehors de cette pression, je pense que tu as pâti aussi d'une pression physique. Il y a ce qu'un physique peut produire dans l'imaginaire collectif et qu'il faudrait incarner. J'imagine notamment au niveau de la sexualité... Cela devait être très troublant, qu'on attende de toi que tu sois le fameux play-boy qui aime les soutiens-gorge des filles.*

BS : Oui. Mais tu sais, la seule chose qui me vienne à l'esprit et que j'aurais à dire sur le corps, c'est que c'est la seule chose qui nous appartienne véritablement. Rien d'autre ne nous appartient dans ce monde et dans cette vie. J'ai pris conscience de cela assez récemment.

LD : *J'en ai pris conscience quand j'avais cinq ans.*

BS : C'est une blague ?

LD : *Non ! Quand j'avais cinq ans, j'avais des phases étranges au cours desquelles j'avais des prises de conscience du fait que je possédais un coude, une main, un avant-bras, etc. Et ça me procurait une joie véritable d'avoir un corps et de prendre conscience qu'il m'appartenait. Donc oui, je suis d'accord avec toi : c'est bien la seule chose qui nous appartienne.*

BS : Il n'y a même que ça !

LD : *Dès qu'il est mis en lumière, ce corps t'appartient toujours autant certes, mais l'image qu'il renvoie permet des projections qui parfois t'enferment. J'ai la sensation que ça t'a un peu paralysé, le fait que ton corps incarne à la fois ce qui te permet de partager ce qu'il y a au fond de toi et constitue aussi une sorte d'armure.*

BS : Oui, et en même temps, je m'en suis servi, j'en ai profité en toute conscience. Soudainement, je correspondais à cette norme-là, maintenant j'incarnais quelque chose que je n'étais pas avant : on me trouvait beau. Donc, j'en ai profité. J'ai compris que la musique, c'est de l'image – et encore plus être acteur au cinéma ! Encore plus qu'être comédien au théâtre. Ce qui compte, c'est la « gueule », c'est de savoir si tu incarnes un personnage ou non. Tu peux faire beaucoup d'essais, de castings… Même si tu es très bon, tu peux ne pas être pris parce que tu n'incarnes pas un rôle. Un rôle, c'est incarner une époque, un temps, une histoire, c'est correspondre à l'image qu'on se fait d'une période précise. Ça dépend donc de tellement de choses… J'avais conscience que ma réussite, mon succès étaient liés à mon apparence.

LD : *Et au cours des années qui ont suivi, est-ce que la pression paralysante provoquée un moment par la surexposition et les projections a perduré ?*

BS : Je me suis affranchi de la pression, il y en a moins. Ça a duré certes un moment, plusieurs années, mais c'était il y a quinze ans, donc je ne suis plus du tout là-dedans. En plus, la société accepte beaucoup plus un homme qui vieillit qu'une femme. Je crois même qu'en vieillissant, pour un homme, les choses peuvent aller en s'améliorant : j'ai le souvenir d'amis ou d'acteurs ou d'agents qui me disaient qu'à trente-cinq ans, ça allait commencer à être bien pour moi.

LD : *C'est fou.*

BS : Même d'un point de vue physiologique, les voix graves muent très tard. Quand on a quinze ans, il y a une mue, mais les voix graves continuent d'évoluer pendant une dizaine d'années encore. C'est beaucoup plus long que pour les voix aiguës. Il y a donc quelque chose qui met du temps à se mettre en place, qui correspond sûrement aussi à notre façon de vivre les choses. Il y a des moments de transformation radicale et des changements sur le long terme.

LD : *À éclore, à maturer...*

BS : Oui, c'est universel. N'importe qui s'épanouit au bout d'un certain temps, et c'est à partir de la trentaine que l'on commence à se connaître à tous les niveaux. Cela vient aussi avec des prises de conscience, notamment avec les premières sensations de mort provoquées par le vieillissement, la fatigue, les maladies. Tu sens que ton corps a parfois plus de mal à reprendre le dessus. Mais c'est précisément ces sensations qui te font comprendre que ton corps est essentiel.

LD : *Tu es plus apaisé ?*
BS : Beaucoup plus.

LD : *Est-ce que tu crois que cet apaisement pourrait être troublé si tu étais de nouveau surexposé ? Autrement dit, est-ce que tu penses qu'il demeure un traumatisme qui guide inconsciemment une volonté de ne plus prendre le risque d'un succès qui mènerait de nouveau à une telle exposition ?*
BS : Peut-être, mais je ne suis plus le même. Je pense qu'aujourd'hui j'ai beaucoup plus les armes. Plus ça ira, plus j'en accumulerai, et je pourrai me protéger. Je ne sais pas si c'est le propos mais je repense à ça : après « Nouvelle star » j'ai refusé beaucoup de projets, et je m'en suis parfois mordu les doigts pendant des années ! J'aurais pu gagner beaucoup d'argent, si j'avais accepté toutes ces propositions pour des pubs ou des rôles. Notamment un film que j'ai décliné. J'ai croisé le réalisateur dix ans plus tard. Il n'en revenait toujours pas que j'aie pu refuser sa proposition ! On a alors évoqué un nouveau projet. Et lors d'un dîner ultérieur, ce réalisateur de seconde zone – je ne sais pas si c'est un prédateur sexuel – a clairement essayé d'abuser de sa place, de ce rapport de force entre un réalisateur et un jeune acteur – ce que je demeurais malgré mes dix ans de plus ! Soirée arrosée déplorable pleine d'avances graveleuses et directes. Et j'ai pensé : « Heureusement que ça n'est pas arrivé il y a dix ans, parce que je n'aurais pas eu les armes pour me défendre sur le moment et pour le confronter à son comportement ensuite. »

Donc, par rapport aux projections, il y a souvent des rapports de force. C'est là où, à vingt ans, tu as une telle conviction, il y a une énergie, un feu intérieur. Alors, quand on commence à te donner les clés, il te pousse des ailes !

LD : *Finalement, cette collaboration, même dix ans plus tard, n'a pas eu lieu ?*
BS : Non. J'ai refusé. Plus aucune confiance.

LD : *C'est super-intéressant.*
BS : Tu crois ?

LD : *J'en suis absolument certaine.*
BS : Je ne sais pas.

LD : *Tu plaisantes ?*
BS : Je ne sais pas.

LD : *Déjà, ce qui est intéressant dans ton cas, c'est que quand on aborde un même thème et un même sujet, il y a des angles qui se dessinent naturellement et qui font vibrer des problématiques différentes. Mais ton parcours est particulièrement « extraordinaire » avec le passage dans cette émission.*

*Je me remémore le succès fou de « Nouvelle star » à ce moment-là et le phénomène autour de toi ; je me demandais comment tu arrivais à gérer un truc pareil. Tu n'en étais peut-être pas conscient car tu étais dedans, mais je trouvais épatante la manière dont tu parvenais à gérer ton image, alors que je constatais toutes les projections dont tu faisais l'objet et que je devinais à quel point c'était pesant ! Il ne s'agit pas de*

*« réputation », mais en tout cas, il te fallait satisfaire les envies que les gens projetaient sur toi...*

BS : Ce qui était perdu d'avance. Si ton seul objectif est de répondre, de satisfaire, ce sera forcément un échec. C'est pour cela que mon intuition première était la bonne. Quand les chanteurs me questionnent sur ces émissions, ce que je conseille, c'est de ne se lancer qu'en sachant ce que l'on compte faire en sortant. Pour concrétiser un projet qui existe déjà. C'est l'unique manière d'en profiter.

LD : *C'est clair. Veux-tu ajouter quelque chose ?*

BS : Je voulais revenir sur cette histoire de corps qui nous appartient. En soi, je ne saurais quoi ajouter : ça me paraît tellement fou. Par exemple, même ce que tu achètes ne t'appartient pas, tes enfants ne t'appartiennent pas, ce que tu crées ne t'appartient pas, même ta chanson ne t'appartient pas.

Avec l'âge, la quantité, la mesure, l'équilibre sont très importants. Il y a une question de dosage – et c'est quelque chose que le chant me fait vraiment travailler ! J'ai compris grâce à mes cours de chant qu'un son s'équilibre. Quand tu exerces ta voix, tu développes l'équilibre de ton son ; et cela est intrinsèquement lié à ton équilibre dans ton corps, dans ta vie. C'est vraiment fascinant ! Je prête particulièrement attention à cela chez les autres : ce qu'une voix dégage et ce qu'elle traduit des corps, des tensions, des blocages... Des personnes se coincent en haut, d'autres en bas. Au contraire, certains corps portent et développent un son puissant. Pour travailler ta voix, tu travailles ton corps.

LD : *Je suis d'accord. C'est intéressant. Pour l'histoire de la possession du corps, possession qui est un peu sous-estimée dans la mesure où la prise de conscience n'est pas généralement flagrante – soit elle n'a pas lieu, soit elle est assez faible –, je pense que c'est avant tout parce que le corps n'est pas suffisamment estimé ; il est réduit à un simple véhicule terrien, qui nous achemine d'un point A à un point B, qui nous permet de porter des vêtements, etc. Mais il n'est jamais estimé à sa juste valeur, il n'est pas considéré comme le temple qu'il est. Et ce, dès l'enfance.*

BS : J'ai perdu du poids le jour où j'ai pu porter un jean sans élastique. C'est une histoire de vêtements. Plus tard, quand j'ai vraiment commencé à maigrir, j'ai basculé dans quelque chose où je voulais vraiment devenir maigre. Plus j'étais maigre, mieux c'était ! Je jouissais d'une sensation de légèreté et de possession de moi. Cela se traduit aussi surtout par les vêtements ; on est heureux de pouvoir rentrer dans les vêtements, porter les vêtements des autres.

LD : *C'est-à-dire qu'on nous apprend à réfléchir de la sorte. Mais on ne nous incite pas à cultiver le reste, à œuvrer pour se sentir bien dans son corps, à essayer de l'honorer tout simplement parce que c'est en lui que se manifestent les émotions que l'on rencontre.*

BS : Après, moi, j'ai un problème avec cette histoire d'être soi, du « Sois toi-même, deviens qui tu es », avec le développement personnel. Je pense qu'on devient soi-même en se dépassant. Il y a aussi quelque chose qui est lié à notre époque et à ses dérives. Quelque chose qui met au centre de tout l'individu. On entend des formules telles que : « Si tu es mal, c'est parce que tu veux aller mal » ou : « Rien n'arrive par hasard », ou encore : « Reste toi-même. » Je suis en désaccord avec ça ! « Toi-même », c'est le monde, c'est les gens que tu côtoies, c'est les livres que tu lis, c'est tout ce qui te développe.

LD : *Bien sûr ! Ce sont des discours très simplifiés, ou, comme tu le dis, très à la mode, qui oublient eux-mêmes le sens premier des mots qu'ils utilisent. Il y a une idée que je défends vigoureusement : à partir du moment où l'on prend conscience de ses désirs enfouis, on mesure qu'on a tous une personnalité qui sort de manière vive, fulgurante et spontanée dans l'enfance, dans la très petite enfance, quand on n'a pas vraiment de conscience, et qui va petit à petit être inhibée parce qu'on prend conscience des limites imposées par la société.*

BS : En plus, ce ne sont pas les mêmes, elles diffèrent selon les sociétés, ces normes sont relatives.

LD : *Totalement. Donc ça dépend de l'environnement dans lequel tu évolues. Puis, le jour où tu retrouves l'enfant que tu étais avant la prise de conscience sociale, tu identifies un « toi » profond. Ce n'est pas une fin en soi, ce n'est que le début.*

BS : En fait, je trouve que l'on se développe et qu'on devient peu à peu nous-mêmes ; je trouve donc qu'il y a quelque chose d'extrêmement réducteur à nous résumer à l'enfant que nous étions ; il y a le risque de s'annuler en quelque sorte.

LD : *Ce sont des discours confortables ! Il n'y a rien de plus difficile que de développer ta conscience de l'ampleur de tout ce que tu peux faire. Quand on a conscience, on n'a plus envie de se limiter à cette zone de confort d'être soi-même, qui est une idée un peu à la mode.*

BS : Si l'objectif fondamental, c'est de se retrouver pour ensuite mieux se dépasser, d'accord. Mais sinon je trouve cela très réducteur parce que l'enfant n'est que le début. Et puis, oui, il y a quelque chose de l'ordre de la pépite et du diamant brut, mais en même temps, enfant, tu n'es que la somme des névroses de tes parents et de tout un contexte : la société dans laquelle tu évolues, le quartier et l'école dans lesquels tu grandis…

LD : *Il suffit d'entendre les moqueries des enfants dans les cours de récréation ! C'est évident qu'ils sont conditionnés par leur environnement, leurs parents…*

BS : Par exemple, je trouve étrange de dire que les enfants sont cruels entre eux : ils le sont autant que nous !

LD : *Oui ! C'est juste qu'ils le sont sans filtre.*

BS : Pas forcément, je trouve qu'il n'y a pas forcément plus de filtre après. C'est juste que cette cruauté est plus spectaculaire quand elle vient d'une enveloppe aussi mignonne ; le décalage est d'autant plus marquant, mais ce ne sont pas les enfants qui font la guerre et qui tuent des gens !

LD : *Je suis d'accord, mais je comprends aussi cette phrase. Il y a parfois une absence de filtre qui peut être forgée par un traumatisme chez l'enfant.*

BS : Je trouve que l'absence de filtre est partout.

LD : *Je ne suis pas d'accord... Un enfant ne réfléchira pas avant de dire : « Tu pues. »*

BS : Oui, c'est juste qu'il n'y a pas de cynisme ! C'est la seule différence !

LD : *En tout cas, ce que je veux dire, c'est que les discriminations sont déjà très palpables dans l'enfance. Or, souvent, on le sous-estime, on parle de « petites disputes » chez les enfants.*

BS : Moi, j'ai l'impression que c'est notre cruauté qu'on sous-estime. On se dit que les enfants sont cruels contrairement à nous, alors que si les enfants sont cruels, c'est parce que *nous* le sommes.

LD : *En tout cas, il ne faut pas sous-estimer la cruauté des enfants ; souvent un chagrin d'enfant, on le sous-estime, je n'ai jamais compris pourquoi, comme si les enfants ne pouvaient pas ressentir.*

BS : C'est peut-être pour cela qu'il y a tant d'enfants qui se font abuser aussi ? Ils gardent davantage le silence sur ce qui leur arrive.

LD : *Très vite, leur côté « pépite » est inhibé, absorbé par la société. Toutefois, ce qui existe dans l'enfance, c'est de l'ordre de l'insouciance. Or, pour moi, l'insouciance est synonyme de liberté. En ayant moins conscience de certaines choses, on est moins contraint et entravé ! On est libre ; en même temps, être libre coûte cher en termes d'efforts. Je pense profondément que les gens ne veulent pas être libres, parce que ça fait peur.*

BS : C'est le contraire du confort.

LD : *Exactement ! Retrouver cette insouciance originelle est un point de départ. C'est très difficile, et la plupart des gens ne veulent pas cela. Le mode de vie qu'ils adoptent volontairement leur permet d'ailleurs de s'enfermer, de se protéger de cette liberté, par des dépendances matérielles, affectives, familiales... Autant de structures d'évitement de cette liberté. Or, pour moi, l'accès à la liberté demande une rigueur énorme. C'est ce qui est drôle et paradoxal.*

BS : Ou alors c'est justement la sauvagerie totale, l'animalité. Mais en fait, personne selon moi n'a aucune rigueur ; même les animaux sont plus rigoureux que nous ! Peu d'entre eux sont solitaires, et appartenir à un groupe demande de l'organisation ; ou par exemple, pour construire un nid… Cela demande de la rigueur !

LD : *Complètement.*

BS : Nous associons liberté et solitude. On affirme qu'on est toujours seuls, mais en même temps, on fait toujours partie d'un tout ! Je pense qu'au sein de ce tout, notre marge dépend beaucoup de l'argent dont on dispose.

LD : *C'est une question philosophique : est-ce que disposer de beaucoup d'argent te permet de façonner plus facilement ta vie telle que tu la désires ?*

*On parlait de la notion de frustration comme d'un moteur potentiel. Or, je pense que plus tu es serein pour l'avenir, en te disant que tu auras toujours un toit, toujours de quoi manger, moins tu cherches en toi les ressources les plus profondes qui vont te permettre d'explorer ou d'accomplir des choses.*

BS : Cela dépend de ce que tu fais de ce confort matériel ! Je te donne mon cas comme exemple : je suis intermittent du spectacle ; c'est aussi précaire que protecteur. Il y a des contraintes, comme renouveler tous les ans ce statut, mais en même temps, c'est protecteur. C'est ce qui me permet justement de fermer la porte quand je le souhaite, et de l'ouvrir quand je le décide. Je travaille, mais je sais aussi qu'il y a des moments où je peux arrêter pour prendre du recul, réfléchir. Un grand luxe. Là où le confort matériel peut impliquer une dépendance dont tu parlais, et qui est le contraire de la liberté. Là où on croit justement qu'en se servant un verre de vin, on est libre, il y a d'un coup notre liberté qui se sauve ! Ou encore, un CDI peut te sembler gage d'indépendance, mais en fait t'entraver car tu n'arrives pas à voir au-delà !

LD : *Totalement. En fait, cette sécurité peut te permettre et t'empêcher. Ça dépend des personnalités. Bien sûr. On peut aussi penser que la véritable sécurité, c'est d'exercer une activité qui te fait vibrer parce que tous les matins tu es sûr d'avoir envie de te lever...*

BS : Je sais que, pour moi, c'est venu vraiment très tard, savoir ce que je voulais. C'est pour cela que le premier album, je l'ai fait aussi tard chez Universal, cette énorme structure qui me rassurait et m'écrasait en même temps. Car ce qui écrase rassure aussi ; et c'est là que se joue quelque chose avec le bien et le mal.

LD : *Comme les parents : ça écrase et ça rassure. On n'est pas formés comme ça ; toute l'éducation qu'on reçoit ne nous apprend pas à devenir libres. Que l'on devienne véritablement libres n'arrangerait personne. D'ailleurs, avec ces conditionnements, seules certaines personnalités réussiront à trouver une vraie liberté, parce qu'elles en auront envie et en seront capables ! Se retrouver face à un si vaste champ des possibles fait peur ! Surtout quand tu n'as que vingt ans.*

BS : C'est pour ça qu'il y a toujours un cadre qui permet soit de s'en affranchir, soit d'être accepté, soit de s'en dégager complètement et d'épouser un autre cadre. Et cet autre cadre, c'est notre corps ! C'est ce qui est un peu tragique, comme tout ce qui nous tombe dessus et qu'on ne choisit pas. Et on doit l'accepter, sinon, on devient fou ! Alors, on a la liberté de devenir fou si on veut – c'est une possibilité aussi. Sinon on accepte ce cadre, et on choisit ce que l'on veut faire de cette situation à telle époque, dans telle société, dans tel quartier, avec tel entourage. Est-ce qu'on s'en affranchit ? Est-ce qu'on s'en satisfait ?

LD : *On mobilise le corps comme outil, tu as raison.*

BS : Comme outil, comme cave, comme point de départ.

LD : *De fait, il faut travailler ce corps et en prendre soin parce que c'est grâce à lui qu'on va mener à bien nos projets, accomplir ce que l'on désire. Je crois vraiment au fait que, pour être libre, il faut se préoccuper de son corps... Les deux heures d'éducation physique et sportive qu'on fait chaque semaine pendant notre scolarité n'induisent pas ce travail ! On ne nous apprend jamais à prendre conscience de notre corps.*

BS : Je ne sais pas : il y a tant de choses qu'on ne comprend pas, enfants, et qu'on ne saisit que plus tard ! Je ne suis pas certain qu'il faille absolument tout comprendre tout de suite. Tu ne sais pas pourquoi il faut apprendre que 2 + 2 = 4. Tu l'apprends par cœur, et tu comprends plus tard à quel point c'est essentiel.

LD : *Oui, mais la façon de faire résonner l'apprentissage reçu est axée d'une seule manière. Cette éducation autour du corps pendant l'enfance n'est pas envisagée comme un plaisir ; et il y a souvent une dimension compétitive qui est créée.*

BS : J'y pense beaucoup : peut-on gagner sans écraser l'autre ? Dans le corps, il y a une réponse à cela ; la vraie victoire est dans l'accomplissement, dans quelque chose de très concret. La question, c'est : une société sans rapports de force est-elle possible ?

LD : *Immense question. La suite au prochain épisode alors... Merci pour cet entretien, c'était passionnant.*

# Joyce Jonathan
## S'ALIGNER

Joyce Jonathan est une auteure-compositrice et interprète française révélée en 2008 lorsqu'elle sort son premier album. Elle poursuit depuis une brillante carrière musicale, s'illustrant régulièrement à la télévision et à la radio.

LAURIE DARMON : *Avais-tu déjà, au cours de ton enfance et de ton adolescence, une conscience de ton corps ?*

JOYCE JONATHAN : Étant enfant, je n'avais pas véritablement conscience des corpulences. Je saisissais si quelqu'un était visiblement en surpoids mais je n'avais pas conscience de la prise ou de la perte de poids des personnes autour de moi, comme de mes sœurs ou de ma mère. Ce qui m'importait, c'était le regard et le sourire. Je ne voyais rien d'autre.

En revanche, avec le recul je peux identifier un événement marquant.

Ma mère n'était pas insensible au fait de garder la ligne, et ça se voyait dans notre frigo qui était constamment rempli de fromage blanc 0 %, de tofu… Toutefois, elle ne nous a jamais restreintes sur quoi que ce soit. Nous avions également des aliments qu'elle achetait pour nous, comme des mousses au chocolat, des Duo Choc, des Danette. Donc, certes, il n'y avait pas de bonbons à la maison, mais elle nous faisait quand même plaisir !

Néanmoins, elle ne pouvait s'empêcher de faire de nombreuses remarques sur le poids, malgré elle. Elle était d'ailleurs extrêmement exigeante quant à son propre corps. Elle nous a parlé un jour, à mes sœurs et à moi, d'un livre qui s'appelle *À dix kilos du bonheur*, qui la définissait bien.

Un jour, on m'a fait remarquer qu'une personne avait grossi. Or, moi, j'avais neuf ou dix ans : je ne me rendais compte de rien ! Je ne voyais pas si quelqu'un prenait du poids.

Quand elle m'a fait remarquer cela, j'ai commencé à penser des choses comme : « C'est vrai que le poids, ça peut changer la forme d'un visage », alors que jusqu'alors je ne le notais absolument pas.

Je ne regardais tellement pas ça… Et puis alors, mon poids à moi, ça m'était égal ! Au lycée, je me rendais compte que je rentrais dans mon jean un jour, et pas la semaine suivante, et deux semaines après, si. Je me disais tout simplement : « Tiens, je ne vais pas mettre ce jean, je vais en mettre un autre. » J'ai raisonné ainsi très tard, jusqu'à mes dix-huit ans je pense.

Ma meilleure amie de l'époque avait beaucoup plus conscience de son corps. Elle me faisait parfois des petites remarques sur mon corps et mon poids, toujours de façon positive, par exemple quand j'avais maigri. Mais moi, je ne le prenais pas en compte, parce que je ne m'intéressais pas du tout à ça : j'avais envie de chanter, de faire des concerts, d'être dynamique.

Une autre de mes amies à l'école était anorexique depuis très longtemps, mais je ne l'ai su que plus tard.

Je me souviens que quand je la voyais, je jugeais que les shorts lui allaient vraiment bien, parce qu'elle avait deux petites baguettes à la place des jambes. Je me disais que je ne mettrais pas ça parce que je ne me sentirais pas bien avec et que, de toute façon, je ne rentrerais même pas dedans – mais ce n'était pas pour autant un drame.

Je suis partie de chez ma mère quand j'avais vingt et un ans ; mon premier album était sorti. Je n'en avais encore rien à faire de mon poids, mais j'avais un peu maigri à la sortie de l'album. Pas parce que je le voulais, mais parce que j'étais extrêmement occupée et que je participais à des émissions télé. Et sans doute que, malgré tout, le fait d'être très prise et d'évoluer dans un monde où mon image importait a contribué à ce que quelque chose s'installe en moi...

Mais il m'arrivait de grignoter. Par exemple, il m'arrivait d'attraper un KitKat, mais juste parce que j'avais faim et que je n'avais pas le temps de déjeuner, sans diaboliser l'aliment.

En prenant mon appart, j'ai appris à faire des courses et je me cuisinais des choses assez saines. Pour la première fois, j'allais au supermarché bio, j'essayais un peu d'imiter les habitudes de ma mère. J'achetais du tofu mais parce que je trouvais ça vraiment bon ! Parfois, il m'arrivait d'acheter des produits sans savoir qu'il s'agissait d'aliments gras.

Quand ma mère venait chez moi, j'étais toute fière de lui cuisiner quelque chose moi-même. Mais, en voyant ce que je comptais préparer, elle me faisait remarquer que c'étaient des aliments frits, gras. Je prenais du recul et m'interrogeais : « Ah, donc ça, ce n'est pas bon pour la santé ? »

Ses remarques faisaient émerger des questions que je ne me posais pourtant pas au quotidien. Je vivais seule et il m'arrivait de grignoter ! Je pouvais sortir un paquet de céréales et les manger à même la boîte, parce que j'avais faim, jamais de manière compulsive. C'était très ponctuel, je ne me le reprochais pas ensuite. J'avais l'esprit léger, je ne pensais pas une seule seconde à mon alimentation.

Mais, comme je le disais, de nouvelles habitudes s'installaient peu à peu : je commençais à un peu plus regarder les étiquettes des aliments et à réfléchir à ce que je devais acheter et consommer.

Puis, j'ai entamé ma première tournée ; à la fin, j'avais pris 5 kilos. Sans m'en rendre compte.

En fait, au début de ma tournée, on m'avait demandé ce que je désirais dans ma loge ; comme un enfant en colonie de vacances, j'avais répondu : « Je veux des Gavottes au chocolat au lait, des Danette à la vanille… » Résultat, j'en avais à disposition ; et, au fil des mois, j'ai pris du poids. À la fin de ma tournée, voir que j'avais grossi m'a affectée. Je me rappelle avoir croisé une autre artiste sur une émission, et m'être comparée avec elle. J'ai beaucoup envié sa minceur, je la trouvais très belle.

S'accumulent ensuite plusieurs événements. Je traverse notamment une déception amoureuse avec un garçon ; j'ai l'impression que je ne lui plais pas physiquement, et je remets mon physique en question. Je fais le lien avec mon poids ; je me persuade que je ne lui plais pas parce que j'ai grossi et que ça se voit sur mes joues. Je décide de faire plus attention.

Je pars à New York rejoindre ma meilleure amie d'enfance que j'ai évoquée précédemment et qui, elle, a une conscience plus prononcée de son corps. On passe un super séjour. Je profite sans trop prêter attention à mon alimentation. Mais c'est en rentrant de ce voyage que je décide de me mettre au régime. Je choisis le régime Dukan.

C'est devenu un dieu pour moi. Comme un guide. Je respectais les menus alimentaires prescrits à la lettre. Le régime est fondé sur l'alternance entre protéines pures, dites « PP », et protéines légumes, dites « PL ». Je m'y suis soumise comme si j'avais un objectif de marathon. Je m'affamais, j'étais fatiguée la journée, je me remettais au lit à 11 heures du matin parce que je n'avais pas de forces. Mais en à peine un mois et demi, j'avais perdu 8 kilos. Ça m'a paru miraculeux.

LD : *Tu le suivais parfaitement...*

JJ : Parfaitement. Durant une journée entière, je ne me nourrissais que de blanc de poulet ; le lendemain, uniquement d'œufs et de brocolis... Et ainsi de suite. Je suis devenue folle : je n'ai pas mangé de fruits pendant deux ans, je diabolisais certains aliments comme l'avocat que Dukan décrivait comme trop gras.

Avec la perte de poids, je vois surtout le regard des autres changer ; je me persuade alors que j'ai trouvé la solution, et que tout cela n'était qu'une affaire de poids !

Je constate que plus d'hommes me draguent – même si, souvent, eux ne me plaisent pas. Je suis en tout cas beaucoup plus attentive à l'intérêt qu'on me porte. En considérant ce regard nouveau, je prends confiance en moi, je suis bien dans ma peau et dans mon corps. Je continue donc mon régime.

Je rencontre un garçon dont je tombe très vite amoureuse, et notre relation devient médiatique car il s'agit de Thomas Hollande. C'est ma sœur qui nous présente car il a été son avocat. Notre rencontre se fait dans une ambiance festive, je lâche prise et ce soir-là, je mange des gâteaux. Et je panique, je me dis que ce que je suis en train de faire est dramatique ! Je ne crains qu'une chose : prendre du poids, et que Thomas me trouve moche puis me quitte. C'est très superficiel mais cette idée me terrifie.

LD : *Donc tu as vraiment cette conscience-là...*

JJ : Oui. Pour moi, craquer, c'est la fin du monde. Mais c'est en même temps ma façon de lâcher prise. Ce soir-là, je mange des gâteaux jusqu'à en être presque malade. Je bois très peu d'alcool mais comme nous sommes en soirée, on décide de commander quelques shots, je suis dans un état où je sens que je ne me maîtrise pas pleinement. Moi qui ne bois quasiment jamais, après trois shots j'ai la nausée, et je vomis.

LD : *Ton corps n'était plus habitué.*

JJ : Ce vomissement, c'est le début de la fin, car je le vis comme un soulagement.

LD : *Tu as quel âge à ce moment-là ?*

JJ : J'ai vingt-deux ans... Et je commence à sortir avec Thomas, mais il ne sait rien de tout cela. Il pense que j'ai un mode de vie très sain. En plus, je suis hyper-saine sur tout le reste ! Je ne me suis jamais droguée, je me fiche de l'alcool que je bois très occasionnellement. Mon addiction, c'est la bouffe.

Thomas me propose d'aller dîner trois jours plus tard. Il me donne rendez-vous dans une pizzeria. Et je me demande comment je vais faire : je ne peux pas manger de pizzas.

LD : *Il n'y a que des pizzas ?*

JJ : Oui. Et puis, je me refuse à être celle qui prend une salade verte alors qu'on est dans une pizzeria. Je décide alors de ne pas manger jusqu'au rendez-vous. Je ne me nourris presque pas de la journée, j'avale seulement un bout de poulet. À ce stade, je suis déjà affaiblie par ces restrictions. J'ai pu le constater à mes cheveux, ma voix, mon souffle… Parce que je ne mangeais jamais aucun féculent.

On se retrouve à la pizzeria. Je parviens à vivre une bonne soirée jusqu'au moment où l'on passe commande. Je suis entièrement focalisée sur le choix ; j'ai l'impression que ma vie se joue sur cette décision et je n'arrête pas d'hésiter. Pour moi, c'est la pizza du mois, de la vie !

Je finis par commander. Thomas ne se rend compte de rien, il passe une bonne soirée. Je mange mais culpabilise énormément. On rentre ensemble. Il me semble qu'on ne se revoit pas tout de suite. Dans les jours qui suivent, pour compenser cet excès, je m'affame en ne mangeant que des protéines. J'entre dans un cycle de « double vie » : quand je ne le vois pas, je m'affame ; quand je le vois, je me nourris à peu près normalement.

Je perds du poids, je deviens de plus en plus mince, et j'ai de plus en plus peur de manger. Et puis il y a aussi ce raisonnement irrationnel : quand tu as un poids de forme, tu te nourris normalement ; mais quand tu commences un régime, tu as l'impression qu'il faut constamment être dans le contrôle, qu'il faudra toujours l'être et qu'il n'est plus possible de lâcher prise.

LD : *C'est aussi un truc de record. Tu te dis : « Si là, j'ai réussi à faire ça, je ne peux pas faire moins bien. » Tu surenchéris dans ce challenge, ce qui est terrifiant...*

JJ : Terrifiant.

Je maigris énormément ; en plus, je prépare mon deuxième album. Ma passion prend certes le dessus sur tout le reste, mais je me mets à établir des listes de ce que j'ai mangé. Cette période dure une année. Je perds tellement de poids que j'en deviens maigrissime, autour des 35 kilos.

LD : *Tu fais 1 mètre combien ?*

JJ : 1,60 mètre. Oui, c'est n'importe quoi. Mes proches s'inquiètent mais je leur laisse difficilement l'espace pour s'opposer. Ma relation à ma mère est complexe. D'une certaine manière mon corps lui crie : « À l'aide » mais mon esprit s'oppose à elle, quoi qu'elle dise. Personne n'est vraiment formé devant cette situation de toute manière. Et puis, elle-même a un rapport au régime et au corps assez compliqué.

LD : *Tu arrivais à la laisser te faire à manger ?*

JJ : Oui, mais je vérifiais tous ses faits et gestes ; par exemple, quand elle cuisinait devant moi je vérifiais qu'elle ne mettait pas d'huile dans les courgettes. Pour anticiper mes demandes, elle me confirmait qu'elle avait bien mis la sauce à part. Avec du recul, je ne sais pas si ça m'aidait vraiment...

LD : *Tu veux dire qu'en se pliant aux désirs de personnes anorexiques, les proches encouragent ce système chez les personnes concernées ?*

JJ : Oui, d'une certaine manière. En réalité, s'il y avait eu de la sauce, j'aurais tout de même mangé ! En revanche, quand nous allions au restaurant, j'étais au début pleine de bonne volonté : je me fixais des challenges, notamment celui d'arrêter de changer les garnitures. Prendre un plat sans changer ni les sauces ni les garnitures, ç'aurait été une victoire ! Malgré tout, à ce moment-là, je n'y arrivais pas.

Je suis passée par une longue période d'alternance entre anorexie et boulimie. Étant entre deux albums, j'étais seule la journée.

Je passais mon temps à grelotter, à frissonner, surtout quand je buvais du Coca Zero – ça me remplissait le ventre et me donnait l'impression de ne pas avoir trop faim.

LD : *Concrètement, tu mangeais quoi dans une journée ?*

JJ : Généralement, environ 100 grammes de tofu, je te le dis précisément car les quantités importaient, puis des tomates cerises… Les tomates cerises, j'adorais ça : c'était en fait l'aliment le plus sucré que je m'accordais. Je mangeais aussi des steaks 5 % ou des blancs d'œufs (j'étais persuadée que le jaune d'œuf me ferait grossir), des yaourts 0 %. J'étais tellement dure avec moi-même.

LD : *Tu ne suivais plus le régime Dukan ?*

JJ : Si, toujours. J'ai continué pendant huit ans. Pendant huit ans, je n'ai presque pas mangé de fruits sauf quand je craquais, auquel cas je pouvais en avaler beaucoup trop, je ne les savourais même pas. J'étais tellement affamée que dans les moments où je craquais, je lâchais prise.

J'avais mon ange et mon démon. Par exemple, quand je rentrais d'un concert, si j'estimais que j'avais un peu craqué la veille, je continuais le lendemain matin ; je me réveillais, je me jetais sur le petit déjeuner de l'hôtel. Puis, à la gare, je m'achetais encore des viennoiseries ; j'étais ivre d'hyperglycémie. En plus, je me jetais sur des aliments malsains, que je n'aurais jamais mangés si je n'avais pas été en « crise ».

Après, je me sentais très mal, je me dégoûtais.

Ma famille se rendait compte qu'il y avait un souci, mais ne mesurait pas véritablement l'ampleur du problème. La maladie fait peur. Surtout une maladie que l'on peut prétendument maîtriser. On te répète que c'est un truc d'enfant gâtée, alors que d'autres sont vraiment malades. On t'affirme que tu peux décider que ça change, choisir de guérir. Mais non ! C'est une maladie mentale. Je ne maîtrisais rien : j'étais dépassée.

Pendant très longtemps, je le prenais à la légère ; je me disais que je n'étais pas vraiment malade. J'avais entendu dire qu'un trouble ou une addiction étaient considérés comme pathologiques uniquement si ça empêchait de travailler ; or, ça ne m'a jamais empêchée de travailler, je n'ai jamais annulé un concert, alors qu'il m'arrivait d'avoir beaucoup trop mangé avant de monter sur scène. Je me souviens d'une scène où j'avais le cœur qui battait tellement vite que je me disais que j'allais faire un arrêt. Et je continuais de chanter ; j'étais en crise de tachycardie sur scène, parce que j'avais trop de sucre dans le sang…

LD : *Et puis, à 35 kilos, c'est très dangereux.*

JJ : Oui, c'était n'importe quoi.

Je voulais faire comme si tout était normal !

J'ai toujours eu du recul, je trouvais tout cela absurde : j'étais spectatrice de moi-même en quelque sorte. J'avais du citrate de bétaïne sur moi, pour digérer mes excès, mais à côté de ça, je ne mangeais pas de la semaine. J'étais dégoûtée, j'avais besoin de retrouver mes sensations. C'est pour ça que je ne grossissais pas vraiment à ce moment-là.

Puis Thomas et moi nous sommes séparés. Il y a eu un ensemble de choses. Mon système intérieur était déjà brisé avant notre rencontre. Mais notre couple a exacerbé cela : on était photographiés dans la rue, en vacances… Son père était le président et beaucoup de personnes me parlaient parce que j'étais la belle-fille de…

C'est déjà tellement dur d'exister dans la vie, d'exister dans ce métier… Et, en plus, les gens ne venaient pas me voir pour moi, pour ce que j'étais. Cela me persuadait que je n'étais rien ni personne.

En fait, dans les moments où je me gavais, je me sentais profondément vivante. Je ressentais. J'éprouvais. Dans la vie normale, celle d'avant et après la maladie, j'adore manger, je suis très gourmande ! J'aime me préparer des petits plats en sauce, pleins de saveurs… Et tout cela, je me l'interdisais.

Je refusais de prendre du plaisir dans le but de correspondre à une norme, de plaire à tout prix, de me fondre dans un moule. J'étais conditionnée par l'idée que parce que j'avais perdu mes 8 premiers kilos, j'avais rencontré quelqu'un qui me plaisait, et que je plaisais généralement.

J'essayais de me convaincre que je maîtrisais la situation, mais si maigre que j'étais, j'explosais. Je ne maîtrisais plus rien.

Manger à sa faim est absolument naturel : personne n'est censé faire de régime dans sa vie. Le corps étant bien fait, si on mange à notre faim, on ne grossit pas.

On prend du poids si on mange déséquilibré ou si l'on grignote, et on commence à se dérégler. Pour moi, les pâtes, c'était le diable.

Ça prenait tellement de place dans ma tête, dans ma vie !

LD : *Toute la place.*

JJ : Oui ; toute la place.

En parallèle, j'enregistrais mon deuxième album. Je devais régulièrement partir car il était enregistré en Belgique. La phase de préprod a été affreuse. Je dormais seule en Belgique et je bossais avec quelqu'un que je venais de rencontrer professionnellement. Il ne savait pas que j'étais malade, mais moi, soit je n'avais rien mangé depuis trois jours, soit le matin, j'avais eu encore envie de tester un Nutella local, et comme j'avais craqué et que j'en avais goûté un petit peu, j'avais craqué complètement. C'était tout ou rien en permanence. J'étais prisonnière de moi-même.

En plus, dans le régime Dukan, on affirme que tu peux « briser ta cétose ». Je focalisais là-dessus. C'est pour ça que je te dis que Dukan était devenu mon dieu : je connaissais tout sur tout. La cétose est le pic glycémique qui fait que l'on perd du poids. Si tu brises cette cétose, tu repars de zéro. Je n'avais qu'une crainte : briser ma cétose. J'en rigole aujourd'hui. Et comme, en goûtant une cuillère de pâte à tartiner, je me disais que je la brisais, je pensais que c'était le moment ou jamais. Le diable se réveillait, et là, je craquais sur tout le petit déj.

J'arrivais au studio. Je me sentais très mal, mais je parvenais quand même à travailler. C'était très compliqué ct ça l'a également été pour l'enregistrement : j'étais très faible.

J'avais pour référentiel Ariana Grande ; je la trouvais sublime du fait de sa minceur. L'image était devenue pour moi presque aussi importante que le chant. Mais c'est voué à l'échec si cette image t'obsède de façon malsaine… Et puis, surtout, chacun(e) sa morphologie. Tu peux te mettre en danger. Ensuite, j'ai eu de plus en plus de mal à me maîtriser. Il y avait plus de jours où je faisais des crises que de jours où je ne mangeais pas, alors j'ai pris du poids, et je le voyais.

LD : *Tu fais du sport ?*

JJ : Oui, pour compenser mes écarts, mais finalement assez peu pour le plaisir.

Après avoir repris quelques kilos à cause de journées passées à manger de façon trop importante et malsaine, je rentrais de voyage, j'étais dans l'avion, il y avait d'énormes turbulences, et cette pensée m'a traversé l'esprit : « Au moins, s'il y a un accident, je n'aurai pas à faire de régime. » Tu imagines ? Je me l'étais dit sérieusement. Je préférais mourir que de devoir affronter mes kilos en trop.

LD : *Je te crois…*

JJ : Tu imagines à quel point c'est superficiel ? Et à quel point c'était grave dans ma tête ?

Je grossis donc un peu. On me propose « Danse avec les stars », j'y vois une occasion de perdre du poids. Pendant « Danse avec les stars », je fais un régime : je reprends Dukan. À chaque séance, j'arrive avec la tête qui tourne, et je dois apprendre un cha-cha, danse que je n'ai jamais dansée de ma vie. Mais j'ai la tête qui tourne à toutes les répétitions ! Et à chaque fois, le danseur me dit que je dois être plus tonique. Et je lui réponds que j'économise mes forces pour plus tard.

Parce qu'en plus, j'avais une super-mémoire, j'étais toujours très concentrée, mais c'est mon corps qui ne suivait pas du tout ! J'étais épuisée. Je m'étais autorisée à manger des fruits, comme des Pom'Potes. Mais je devais m'assurer cinquante fois que les Pom'Potes ne contenaient aucun sucre ajouté… J'étais encore comme une folle avec tout ça.

Durant cette même période, à chaque fois qu'on me proposait d'aller au restaurant, j'appelais au préalable pour savoir si c'était possible d'enlever les matières grasses…

Je demandais le plat du jour et ensuite, quand je passais commande au restaurant, j'allais voir le serveur plusieurs fois, parce qu'il fallait absolument qu'il n'y ait ni beurre ni huile parce que j'étais allergique ; je m'étais créé des allergies ! Ça prenait tellement de temps… J'étais loin de passer un bon moment entre amis, avec la famille, à table…

Donc voilà, je fais « Danse avec les stars », je suis super faible et chaque fois que je finis la prestation – généralement, les tournages, c'est du direct le vendredi –, je craque et je mange tout ce qu'il y a dans la loge.

Ça n'a pas de sens : je me suis affamée toute la semaine en me disant que comme ça, je serai bien à l'image, et je craque le soir. Ensuite, on n'a pas vraiment de répétitions le samedi et le dimanche, donc je ne mange rien pendant deux jours, et le lundi, je me réaffame.

Puis l'émission se termine pour moi, je me persuade que je suis nulle. Je ne fais que manger : toute la journée, je mange. Je déjeune deux fois, je dîne deux fois, et je prends 20 kilos en un mois et demi. Toutes les personnalités sont rappelées pour la dernière émission. Le soir de l'émission, j'ai honte de me montrer comme ça, je me souviens d'ailleurs qu'il y a des gens sur Internet qui disent : « Wow, qu'est-ce qu'il s'est passé en un mois et demi ? Elle a pas arrêté de manger ? »

LD : *Pour tout te dire, je pense que sans te connaître, j'ai compris que tu vivais ça. Je constatais en effet une différence rapide et considérable entre deux silhouettes, mais surtout une maigreur extrême qui m'avait marquée... Je me souviens d'un jour où je t'avais vue en tenue de sport sur une photo que tu avais postée, et j'avais compris.*

JJ : J'imagine... À ce moment-là je m'étais séparée de Thomas puis j'étais retournée vivre chez ma mère.

Ce n'est pas simple ; elle voit je crois que je suis en détresse et s'abstient dans la mesure du possible de me faire des remarques sur mon poids. Je rappelle que j'avais pris 20 kilos d'un coup. Puis je reprends le régime Dukan. Je n'ai décidément toujours pas compris la leçon : je me prive de sortir, de voir des gens et d'à peu près tout pour pouvoir me coucher tôt et ne quasiment pas dîner. Je maigris, je suis trop fière de montrer à ma mère que je rentre à nouveau dans mes anciens vêtements.

Puis je trouve un appartement et renoue avec l'indépendance. Malgré tout, je continue mes régimes. Parfois, je sens qu'il y a des issues : je parviens à profiter d'une soirée entre copines au cours de laquelle on mange des pâtes, et je mange une portion normale. Et, quand je me couche, je me dis que c'est une victoire.

À côté de ça, j'ai quand même vu quelques psychologues, mais ça ne m'aidait pas. Je suis aussi allée voir une nutritionniste-psychologue. J'ai vraiment tout essayé parce que j'avais envie de m'en sortir mais je ne les écoutais pas. Je pensais que j'étais la seule à avoir raison, qu'ils ne comprenaient rien, qu'ils ne mesuraient pas à quel point il était important d'être mince dans ce métier.

Faire du sport me fait beaucoup de bien, mais je ne change pas mon alimentation : je ne mange toujours pas de féculents. De temps en temps, je mange des amandes, je m'autorise des fruits secs ; parfois, je m'accorde une tranche de pain complet, genre deux fois dans la semaine. Mais c'est encore très fragile.

Et puis, je fais tellement de sport que je deviens une vraie sportive. Je cours trois fois par semaine, et je fais entre 5 et 10 kilomètres à chaque fois. Je maigris vraiment beaucoup. C'est le moment où je décide de me teindre en blonde.

À cette époque, je ne fais plus aucune crise de boulimie et je fais beaucoup de sport, donc j'ai l'impression que je suis vraiment sur la voie de la guérison – ce qui est le cas ! On part en vacances en famille, à Bali. Un soir on va au restaurant et je vois qu'au menu il y a un cœur coulant avec intérieur framboise. Il me fait trop envie, mais personne ne prend de dessert, et moi, j'ai encore trop peur pour être la seule à en commander. Je me dis que ce sera la fois prochaine ! On retourne un autre soir dans le même restaurant, et je propose de prendre un dessert : je veux goûter ce cœur coulant. Je suis dans une démarche où je vais de mieux en mieux ! Je reste très maigre, je ne pèse que 39 kilos. Mais, entre-temps, je suis passée à 72 kilos ; et, après « Danse avec les stars », j'ai pesé quasiment 75 kilos, sachant que j'étais à seulement 34 kilos six mois avant... Mon corps n'a rien compris !

Ce soir-là, à Bali, on a même commencé le dîner en prenant un cocktail ; pour moi, ce sont des victoires ! J'ai réussi à boire un cocktail ! Je prends mon dessert, je mange le fondant, et je savoure cette victoire : arriver à profiter de mon fondant.

Le lendemain, j'en parle à ma sœur, mais elle ne saisit pas ce que je vis et est loin de mesurer ma petite victoire. Je me sens très incomprise.

On rentre à Paris. Je suis encore très fragile.

Quand je pesais environ 70 kilos, ma mère n'avait de cesse de me faire des remarques sur mon poids. Je lui avais rétorqué que c'était franchement incroyable qu'elle se permette ces remarques à 70 kilos et pas à 34. Parce qu'à 34 kilos, je peux mourir. À 70 kilos, je suis certes en surpoids, mais je ne suis pas en danger.

Je deviens donc peu à peu accro au sport : j'ai l'impression que ça efface mes écarts. De fait, je m'autorise plus de choses. Puis je rencontre un autre homme et cela me fait basculer à nouveau.

Je me rends compte que j'ai besoin d'être seule, célibataire, pour régler ce problème pour de bon. C'est le moment de ma chanson « On ».

LD : *Ça prenait encore toute la place.*

JJ : Oui, je pense tout le temps à mon poids ou à ma promo. Je ne suis jamais légère. J'ai d'immenses angoisses. Je fais une petite déprime, mon album sort et il ne rencontre pas vraiment le succès que j'espérais.

Je décide de partir à Los Angeles mais ce n'est pas le bon moment pour faire ça. Je suis seule là-bas et je ne fais que manger. Donc je prends beaucoup de poids et je rentre à Paris, transformée physiquement.

LD : *Tu faisais du sport ?*

JJ : Oui, je marchais notamment. Mais quand je suis arrivée à Paris, ça faisait un mois et demi que personne ne m'avait vue. Mon apparence contrastait d'autant plus avec celle que j'avais avant mon départ. J'avais en effet pris du poids…

Le temps passe. On me propose de tourner dans un film. Je commence par penser que je ne peux pas le faire dans cet état : je suis à plus 20 kilos par rapport à ma morphologie, je risque de me détester, et ce sont des images qui vont rester.

Et, en même temps, c'est tellement dommage de le refuser. J'ai pour ligne conductrice que cette maladie ne doit pas m'empêcher de travailler. Et puis, j'estime que ça fera partie du processus de guérison : peu importe mon apparence à l'image.

Je décide de participer à ce tournage. Je le fais, j'y vais. J'essaie de faire plus attention avant le tournage mais je n'y arrive pas car je coupe tout : zéro féculent, zéro fruit ni rien. Donc je manque d'énergie ; je suis épuisée.

Le tournage s'organise par sessions de trois jours. À la fin de chacune, je me jette sur le buffet pour compenser la restriction des derniers jours ; je fais le yo-yo. C'est encore mon démon qui ne supporte pas les interdictions.

En finissant ce tournage, je pense qu'il va encore falloir que je fasse attention.

Puis je suis invitée au festival de Cannes, et je prends conscience d'un changement qui s'opère en moi entre la sortie du film et le festival. Je me dis que de toute façon, je me trouve grosse, et que de toute façon, en essayant de faire des régimes, j'en arrive là.

Je décide donc de ne pas faire de régime, et peut-être que ça ira mieux ? Au pire, ce sera pareil !

Je me rends donc à Cannes et décide de me laisser porter, de ne pas me prendre la tête. Ces idées nouvelles mûrissent en moi.

Je ne me restreins pas, je m'alimente comme tout le monde. S'il y a un risotto, je mange le risotto. De fait, mon séjour se déroule normalement.

Certes, parfois, je mange deux parts de dessert plutôt qu'une seule : j'ai encore des choses à régler, à rattraper. Mais je n'en mange pas douze, et je ne me couche pas en ayant le ventre énorme et en suant toute la nuit – or, c'est ce qui m'est arrivé pendant dix ans.

LD : *Oui, le corps réagissait forcément…*

JJ : Oui, d'ailleurs je n'ai pas eu mes règles pendant des années. Bref, donc, à Cannes, j'arrive à savourer chaque instant. Je me souviens de ce que j'ai mangé parce que c'était bon, pas parce que je comptais les calories.

Je passe vraiment d'excellentes soirées, c'est l'éclate, c'est mon premier festival de Cannes et comme je suis invitée, je me sens pleinement légitime à être présente.

Je me sens si bien qu'au moment de partir, je décide de rester deux jours de plus.

Le festival est terminé pour moi, et je réfléchis. Là-bas j'ai un coup de foudre pour un homme, je lui ai plu aussi, mais je ne m'aime pas telle que je suis. Je suis encore très au-dessus de mon poids normal ! Je me remets au sport mais je suis beaucoup moins dure avec moi-même. Je ne me pousse plus à bout. Je maigris un peu, parce que je fais du sport, parce que c'est l'été, parce qu'il fait chaud, mais je suis plus douce avec moi-même. Je ne mange toujours pas de féculents.

Puis, huit mois plus tard, je tombe enceinte. Sachant que j'ai pris ma pilule non-stop de mes dix-huit à mes trente et un ans, et que je n'ai pas eu mes règles même sous pilule pendant cinq ans, je ne sais pas si je suis fertile ; j'ignore comment cela va se passer. J'arrête la pilule, il se trouve que je tombe enceinte. Miracle !

LD : *Tu le voulais ?*

JJ : Oui, je le voulais, mais je tombe enceinte quasiment le lendemain de l'arrêt de ma pilule ! Donc je suis incroyablement heureuse, mais aussi bouleversée, parce que je ne pensais pas que j'allais réussir ! Je suis si soulagée de voir que mon corps fonctionne.

J'éprouve une gratitude infinie envers la vie ; je suis très émue en pensant que je vais être maman.

Pour moi, le véritable déclic a été ma grossesse.

Cela bouleverse tout : ce n'est plus moi qui compte, ce n'est plus ma mère, mais c'est ma fille, qui grandit en moi. Et je sais que potentiellement, je suis meilleure pour les autres que pour moi. Surtout jusqu'à présent. Mais donc voilà, le déclic, c'est à ce moment-là.

Je ne sais pas comment te l'expliquer, mais j'ai retrouvé les mêmes sensations que dans mon « avant », c'est-à-dire que je reviens à vingt et un ans, avant de connaître M. Dukan. Je mange normalement. Je mange la quantité qu'il faut. Je me réjouis de manger un plat de pâtes. Je m'arrête chez le traiteur italien où j'ai toujours rêvé de prendre des pâtes parce qu'elles semblent délicieuses. Et sans culpabiliser, parce que je vais déjeuner, et que c'est normal de déjeuner comme tout le monde. Je mange de l'avocat, je trouve ça trop bon, c'est sain en plus. Je me fais des sushis, je me prépare du riz…

Tout se remet en place ! Au tout début, je me sers peut-être un peu trop de céréales le matin, et je choisis des céréales au chocolat, mais progressivement, je choisis ce qui est le meilleur pour la santé, comme du muesli avec du chocolat noir. Je réaffine, mais je réaffine comme quelqu'un qui serait allé voir un nutritionniste pour faire un rééquilibrage !

On dit souvent qu'il y a un point, comme un point GPS, autour duquel notre monde se structure. En fait, mon point GPS a changé : il est devenu, radicalement, ma fille. Il y a bien sûr toujours mon métier qui me passionne, et beaucoup d'autres choses, mais ce qui compte, c'est que je ne sois pas fragile, que je sois en forme, que je puisse assurer toute la journée, que je me réveille le matin, que je puisse jouer avec ma fille, courir avec elle dans le parc, et surtout, qu'elle me voie dans un état normal, stable, constant ! De plus, j'ai choisi de l'allaiter pendant dix mois, il fallait que j'aie un rythme alimentaire sain.

Je ne veux pas être un mauvais exemple. Et je ne veux pas qu'elle se dise : « Tiens, maman, elle n'a jamais mangé de glace ni de pâtes. »

Quand j'étais encore vraiment malade, je voyais des mamans aller chercher leur enfant à l'école, et manger avec eux un Granola, un bout de gâteau… et leur dire « Tiens, goûte. » Moi je me disais que je ne pourrais jamais faire ça. Je me disais que j'allais manger tout le paquet, que j'allais vriller. Et j'espérais qu'un jour, j'en serais capable.

Je suis tellement fière de me dire qu'aujourd'hui, si j'ai envie de me faire plaisir, je me fais plaisir, et que si j'ai envie de rester mince, de rester normale, je ferai plus attention le lendemain.

Ça m'a vraiment réconciliée avec ça… C'est moi la maman, maintenant.

LD : *C'est si beau.*

# Tristan Lopin
## ÊTRE SURTOUT SOI-MÊME

Tristan Lopin est un artiste français révélé en 2015 après des études de cinéma, lorsqu'il écrit et joue son premier *one-man-show*. Comédien né qui compte bien des cordes à son arc, il poursuit depuis une carrière majestueuse.

LAURIE DARMON : *Quand tu étais petit, te souviens-tu d'avoir eu une conscience de ton corps ?*

TRISTAN LOPIN : Je pense que ça ne m'est pas arrivé très jeune ; c'était probablement au moment de la puberté, avec la conscience que quelque chose changeait dans mon corps.

En réalité, quand j'étais petit, j'avais l'impression, la sensation que mon corps ne correspondait pas à ce que j'étais intérieurement. Un peu comme s'il y avait un décalage. J'avais la conscience aiguë qu'un jour, je serais à ma place, je serais en accord avec mon apparence, mais que ce n'était pas le cas pour le moment.

C'est pour cette raison que j'étais un peu timide.

LD : *C'est fou d'avoir eu cette conscience-là.*

TT : Oui, j'avais vraiment cette impression.

Je me souviens qu'au moment de la puberté – vers mes douze ou treize ans – j'ai eu la pensée que mon corps changeait. Un peu comme si ce changement allait survenir du jour au lendemain. J'avais conscience que j'entamais un processus un peu pénible, impliquant de voir mon corps se transformer. Je n'avais qu'une envie : arriver au bout de ce processus. Arriver physiquement au stade auquel j'avais l'impression d'être dans ma tête. De fait, c'était un peu frustrant.

LD : *Et, enfant, tu ne traversais pas le genre de situation où les garçons entre eux – et les enfants en général, d'ailleurs – s'observent ? Tu ne te sentais pas bizarre, ou tu ne trouvais pas que d'autres étaient bizarres ?*

TT : Pas tellement, en dehors du fait que je ne me sentais pas vraiment à ma place, mais ce n'est pas tellement corrélé à la question du corps. En fait, tu sais, j'étais un petit garçon blond, plutôt fin : je correspondais à la norme. On ne m'a jamais pointé du doigt par rapport à mon physique, enfant.

LD : *Et toi, tu ne t'es jamais pointé du doigt toi-même ?*

TT : Enfant, non. En grandissant, un peu, mais plus à l'adolescence, avec le changement de corps. Pas quand j'étais enfant, puisque j'étais globalement assez à l'aise avec mon corps d'enfant.

LD : *Et enfant, quand tu dis que tu ne te sentais pas forcément à ta place, qu'est-ce que cela signifie ?*

TT : Cela signifie que j'avais un peu l'impression d'être un adulte, en fait. Je m'intéressais plus aux conversations, aux échanges des adultes. Jusqu'à mes quatorze ans, j'avais cette conscience que les discussions des enfants de mon âge m'intéressaient peu ; être en leur compagnie ne m'amusait pas. Puis, enfant, je savais déjà que j'étais gay, que je ne rentrais pas dans certaines cases. J'avais envie d'être plus grand ! Je me souviens très bien de m'être dit : « Là, tu n'es pas au bon moment, mais un jour, ça va arriver. »

LD : *C'est fou. Tu avais conscience que c'était quelque chose que tu ne devais pas dire, qu'il fallait garder plutôt secret ou tu étais à l'aise ?*

TT : Alors non, je ne l'exprimais pas, je n'avais pas la parole très libérée. Surtout, je pensais qu'on ne comprendrait pas. Ce n'était pas la même génération. J'ai l'impression qu'aujourd'hui, la parole est beaucoup plus libre sur de nombreux sujets : les gens parlent. Et puis, j'étais un petit garçon qui ne faisait pas de vagues : j'étais convaincu qu'il ne fallait pas que je me fasse remarquer. Toute ma vie, j'ai pris sur moi, ce qui n'était pas forcément une bonne idée : c'était une violence que je m'infligeais.

LD : *C'est très vrai, oui. Et donc tu prends véritablement conscience de ton corps à l'adolescence ; on te regarde autrement ?*

TT : Le corps change, on se projette dans notre corps d'adulte, les choses évoluent et se transforment… Par exemple, j'ai eu assez tôt du poil au torse. Je me souviens qu'à quinze ou seize ans, avec ma cousine, j'étais en Bretagne, et elle me l'a fait remarquer.

Tu sais, petit, je me sentais pointé du doigt : sa remarque m'a ramené à cette impression, à ce vécu.

En plus, j'avais un corps très fin, longiligne, peu dessiné, et ça pouvait sembler bizarre. J'imagine qu'il en va de même pour les corps plus gros, plus courts…

Ou encore, quand j'ai eu treize ans, j'ai eu de la moustache. Ma grand-mère m'a dit qu'elle allait m'acheter un rasoir. Moi, je ne voulais pas passer au cap de l'âge adulte ! Parce que, une fois que tu as mis le premier coup de rasoir, il faut continuer.

Il y a également le fait que j'ai toujours eu un grand front et que j'ai commencé à perdre des cheveux assez jeune. Tous ces éléments te rappellent, te soulignent que ton corps change, et les autres le pointent un peu du doigt !

LD : *Quand tu étais au collège, quand tu voyais les autres garçons ou les séries, avais-tu tendance à te comparer ? En pensant des choses comme : « Être un homme, c'est ça, et si je ne suis pas ça... » ?*

TT : J'avais cette tendance. Toutefois, il était acquis, et depuis longtemps, que je ne répondais pas aux standards qu'on représentait dans les séries, dans les médias, dans ce que je percevais qu'il fallait faire pour être un garçon. De fait, je ne me suis jamais vraiment accroché à ces modèles-là. J'ai d'ailleurs eu plus de modèles féminins, qui représentaient davantage des exemples d'émancipation. Du coup, ces modèles étaient plus forts pour moi.

LD : *Bien sûr. Tu t'affranchissais des référentiels masculins sans douleur ?*

TT : Sans doute pas complètement sans douleur. De plus, on est systématiquement pointé du doigt, quand on ne se conforme pas exactement aux normes.

Par exemple, quand tu vas à la maison de la presse avec ton grand-père, et que tu préfères repartir avec *Super* qu'avec *L'Équipe*, forcément, tu sens que tu ne satisfais pas certaines attentes, que tu ne corresponds pas à certains standards. Et puis, on te fait toujours des remarques.

LD : *Mais tu l'assumais.*

TT : Pas toujours. Comme j'étais assez proche de mes cousines, j'imagine que parfois j'essayais d'expliquer, de justifier mes préférences par celles de mes cousines. Mais on essayait toujours de me faire comprendre qu'il serait préférable que je prenne quelque chose d'intermédiaire plutôt que de choisir quelque chose de connoté féminin.

LD : *Je vois très bien. Et ensuite, en grandissant, au moment où on entre vraiment dans l'âge adulte, c'était plus simple que cette période de l'adolescence, ou plus douloureux ?*

TT : Non, ça a été plus simple ; physiquement, déjà, parce que je n'ai pas eu de problèmes spécifiquement avec mon corps, et que je me suis toujours senti plutôt bien...

Je n'ai pas eu trop de complexes – et j'étais déjà plus en phase avec moi, ne serait-ce que du côté scolaire. Je trouve que tu découvres une liberté nouvelle à partir du moment où tu es plus aligné avec toi-même – moi, ça a été en entrant dans un processus très créatif –, où tu deviens responsable, car tu comprends qu'on te donne les rênes.

Le champ des possibles s'élargit ; certains projets sont plus difficiles à réaliser, mais tu as la sensation de prendre les choses en main.

Avant, tu as envie de cela, mais on t'encadre et on te contraint : « Passe ton bac. »

Alors que la physique, la chimie t'ennuient ! Non seulement tu ne fais pas ce que tu veux, mais en plus, tu subis les changements de ton corps. Je trouve que ce sont des périodes compliquées.

Alors, à l'âge adulte, quand on accepte un peu que tu fasses ce que tu veux et qu'on t'en donne les moyens, tu découvres une liberté galvanisante !

LD : *C'est fou, dans ce que tu racontes, tu sembles précoce : en effet, très jeune, tu as la capacité d'assumer tes désirs profonds.*

*Je suis intimement convaincue que le rapport qu'on a à son corps est lié à la capacité qu'on a de s'accepter profondément. Et je pense que quand on ne s'accepte pas profondément, on a un rapport à son corps qui est troublé, qui n'est pas paisible. Dans ce que tu racontes, ton rapport à ton corps est plutôt paisible, tu t'acceptes physiquement mais parce que tu acceptes tes goûts et tes désirs tels qu'ils sont depuis très jeune en fait. Contrairement à beaucoup de gens, mais surtout beaucoup de garçons. Parce que les garçons sont souvent pieds et poings liés à cette injonction de correspondre à ce qu'on considère comme viril, masculin…*

TT : Mais c'est vrai que quand dès le début tu t'écartes de la norme, tu sors des sentiers battus, il y a beaucoup de moments où tu te débats en te demandant ce qu'il s'est passé.

LD : *Mais du coup, quelque part, les hommes entre eux, pour d'autres hommes, ont un rôle à jouer. Je trouve que tu joues un rôle crucial – que ce soit volontaire ou pas – en étant qui tu es. Et sans te poser la question : « Est-ce que ça fait de moi moins un homme, plus un homme ? »*

TT : Oui, parce qu'en plus, je me dis qu'étant jeune, j'aurais aimé voir des personnes qui véhiculent ce genre d'images et d'émotions dans les médias. Alors, si certains peuvent voir mes messages, c'est bien ! Je suis heureux que de plus en plus de personnes médiatisées promeuvent ces idées, adoptent ce genre de discours.

J'ai toujours pensé que, si un jour je réussissais à être un peu connu, je ferais en sorte que cela aide certains à ne pas avoir à traverser ce que j'ai subi.

LD : *Je suis sûre que ça en aide beaucoup, ça me semble évident !*

*Est-ce que tu as pu affirmer assez vite ce que tu voulais profondément faire dans la vie ? Notamment le métier que tu exerces ?*

TT : Initialement, je voulais être réalisateur. J'ai fait une école de cinéma, et j'ai ensuite bifurqué vers l'humour pour plusieurs raisons. J'ai réalisé deux courts-métrages. Puis, je suis parti à New York, j'ai travaillé un peu dans les costumes. En fait, pour être réalisateur, il faut d'abord contribuer à d'autres projets pour te faire connaître. C'est pour cette raison que j'ai fait costumier. Et puis, on ne crée pas un film seul ! C'est un travail d'équipe, il faut mener les gens, les guider… Or, moi, j'ai toujours eu très peu confiance en moi, avec un fort syndrome de l'imposteur. J'ai commencé à penser qu'endosser ce rôle de leader allait être infernal pour moi !

Un jour, j'ai fait un court-métrage avec Bérengère Krief. C'était il y a longtemps, elle n'avait même pas encore joué dans *Bref*. Elle a lu des chroniques que j'écrivais pour le blog d'un ami, et m'a dit que, selon elle, avec mon tempérament, je devrais monter sur scène. Ça a trouvé un écho en moi : j'adore le cinéma, c'est ma passion et j'y reviendrai, mais ce que je désirais véritablement, c'était raconter des histoires. Je voulais vraiment créer avec les autres une sorte de lien que je n'avais pas pu créer quand j'étais plus jeune.

Il m'importait donc beaucoup d'exprimer ce que je ressens, de le dire aux autres, pour qu'ils comprennent qu'ils ne sont pas seuls. J'avais ressenti tellement de solitude que je voulais éviter aux autres d'éprouver la même chose.

J'ai décidé d'écrire un spectacle, et de le jouer. Je me disais : « Si jamais ça ne marche pas, j'aurai essayé et je ne pourrai m'en prendre qu'à moi, et si jamais ça marche… »

C'est comme ça que c'est venu.

LD : *Et ta famille ne t'a rien dit, elle t'a laissé ?*

TT : J'avais trouvé un boulot alimentaire. Je travaillais dans la mode en tant que vendeur chez Ralph Lauren, puis après chez Céline. J'avais aussi parfois des projets de pubs, de courts-métrages, de costumes…

J'ai dit à mes parents que j'allais créer un spectacle, mais puisque je travaillais à côté, ça allait.

Mes sœurs ont fait des études et des choix plus faciles à accepter pour eux. L'une a fait des études de pharmacie, l'autre, la faculté Dauphine à Paris : ce sont des choix d'orientation qui permettent de trouver un métier directement après.

Moi, à sept ans, je leur disais déjà que je comptais réaliser des films. Ils savaient donc que ça allait être différent. Je pense qu'ils se sont dit qu'ils verraient bien ce que ça allait donner.

Ils ont sans doute dû commencer à s'inquiéter quand j'ai signé avec un producteur, parce que j'abandonnais mon travail, et que les producteurs ont la réputation d'être véreux. Et puis, il n'y avait aucune garantie que ça marche !

LD : *Donc est-ce que tu dirais que tu étais dans des conditions où l'on t'encourageait ?*

TT : Je me donnais vraiment les moyens ! Je travaillais vraiment beaucoup. Le soir, je faisais des plateaux, où il y a de la masculinité toxique, je travaillais chez Céline, puis j'allais ensuite dans la rue pour coller des affiches… J'allais à République où je distribuais des flyers.

Je me disais que peut-être que ça ne marcherait pas, mais je voulais mettre toutes les chances de mon côté !

LD : *Tu étais vraiment très aligné…*

TT : Oui, parce que j'avais attendu ça longtemps : il fallait que je me donne les moyens de réussir. Tu sais, parfois, on attend qu'on vienne nous chercher pour un travail, un projet. Là, au contraire, j'étais tout à fait conscient que j'étais le seul à détenir les armes nécessaires. Les gens qui allaient venir à mon spectacle, c'était moi qui allais les faire venir. Personne d'autre.

LD : *Oui, et c'est ça qui fait ta différence : on sent que tu as un message à délivrer, qui n'appartient qu'à toi. Je trouve que ça aide notamment les hommes, et c'est nécessaire. Je trouve qu'il y a beaucoup de choses à changer pour les hommes. C'est vrai qu'on suppose assez spontanément que les difficultés dans le rapport au corps concernent souvent les femmes ; comme si les hommes n'avaient pas grand-chose à dire ! Alors qu'il est question, certes, du corps, mais aussi de l'acceptation du corps.*

TT : Oui. C'est un truc qu'on a complètement associé aux femmes – à juste titre, d'ailleurs, à cause de la publicité…

LD : *Complètement ! Et dans ce que tu as défendu et ce que tu défends, est-ce que tu as parfois été confronté à des* haters *? Des gens qui s'insurgent contre toi ?*

TT : Oui, bien sûr. Quand j'avais fait une vidéo, j'avais eu des menaces… En fait, dès que tu es libre, que tu te sens libre, et que tu t'affirmes tel que tu es, il y a toujours des gens que ça gêne.

En particulier quand tu ne réponds pas à des critères basiques, classiques, de masculinité, et que tu affirmes que ça ne te dérange pas.

Je vois ça chez des oncles et tantes. On leur a imposé de se marier, ils ont reproduit parfaitement le système qu'on leur a décrit comme étant « normal ». Et quand ils voient quelqu'un qui prend des libertés, qui ose affirmer sa différence, ils s'offusquent, ils ne comprennent pas… Et ils deviennent des *haters*.

Alors que ce n'est pas parce qu'ils se sont laissés enfermer dans ce schéma qu'on est obligé de faire comme eux. Ils pensent que, parce qu'on ressent quelque chose de différent, c'est moins légitime. C'est contre cette croyance qu'il faut lutter.

LD : *C'est compliqué parce que ça fait un effet miroir ; ça leur renvoie ce qu'eux ne s'autorisent pas.*

*Ça souligne leurs limites. Mais toi, quand tu incarnes cette liberté, tu es forcément visé par des commentaires malveillants. Comment le vis-tu ?*

TT : Au début, ça m'affectait. En plus, quand tu commences à être célèbre, tu mesures que l'idée que tu te faisais de la notoriété diffère de ce que c'est finalement. Tu te dis : « Oh, mais je n'avais rien demandé ! »

Je ne me suis jamais dit : « Je vais monter sur scène et je vais être connu. » Je suis monté sur scène, et les vidéos que j'ai faites, c'était pour la promo du spectacle ! Je ne pensais pas que je serais connu.

Un jour, tu vois que tu es de plus en plus suivi ; tu te dis que c'est cool !

Jusqu'au jour où tu vois que tu bascules dans l'espace public. Je l'ai compris quand, après avoir fait une vidéo sur la Manif pour tous, j'ai été interviewé par *L'Obs*. Je me souviens très bien d'avoir reçu des messages violents, alors que je disais juste ce que je pensais sur un ton drôle.

On se rend compte d'un coup que l'on bascule dans l'espace public, que l'on est visible, alors que, moi, j'avais préparé mon texte chez moi sur un bout de papier, mais ça a atteint beaucoup plus de gens que je ne l'aurais pensé !

Les gens t'affirment que, quand on choisit d'exercer ce métier, on est conscient que l'on s'expose. Non. Aujourd'hui, je le sais, mais au début, je voulais seulement expérimenter et créer. Je cherchais à me faire connaître, je présentais donc mon travail le plus publiquement possible. Mais en fait, vu le nombre de personnes qui essaient de se faire connaître, et le nombre de personnes qui n'y arrivent pas, je pense que naïvement, les gens se disent : « Statistiquement, il y a peu de chances que ça sorte. » Et en fait, parfois, ça sort.

LD : *Donc, faire l'objet de critiques ne t'a jamais freiné.*

TT : Non, encore moins aujourd'hui quand je vois ces personnes, je les trouve tristes. J'ai une espèce d'empathie pour elles : je déplore leur solitude profonde.

Je garde en tête ce sketch qu'a fait Zabou Breitman aux Molières, où elle joue une *hater*… Et c'est vraiment ça, c'est des gens qui en fait sont malheureux. Je pense que leur vie est plus triste qu'autre chose. Donc parfois, j'ai envie de répondre, et de rentrer dans des débats, mais je réfléchis, et je me dis que si j'avais ces personnes en face de moi, je n'aurais pas envie de leur adresser la parole.

LD : *Tu as tellement raison. Exercer un métier de représentation publique, où le corps est exposé, est-ce que c'est quelque chose qui te convient ?*

TT : Ça me convient parce qu'une des premières phrases que je prononce dans mon spectacle, c'est : « L'une de mes plus grandes peurs dans la vie, c'est le regard des autres. » Le spectacle devient donc une sorte de fenêtre de une heure trente où je sais qu'on va me juger. Mais ça me va. J'ai sélectionné ce que j'avais à dire. Pour moi, c'est le meilleur de ce que j'ai à dire en ce moment. Je suis sur scène physiquement, et, de toute façon, je ne peux pas changer mon corps : il est comme ça. Alors, pendant le spectacle, j'accepte le regard des autres. C'est peut-être cathartique, vu que je n'aime pas ça et que j'en ai peur…

LD : *Tu en joues. On ne dirait pas du tout que le regard des autres constitue ta plus grande peur !*

TT : Moins maintenant, parce que je pense que la scène est assez thérapeutique. Je me souviens que mes premiers spectacles, je les commençais dans la salle, à distribuer des bonbons… C'est un système que j'avais mis en place parce que je craignais tellement ce moment où tu montes sur scène, dans une salle que tu ne connais pas, pleine de gens que tu n'as jamais vus, que donner un bonbon me semblait être un bon moyen pour les voir, leur sourire, et identifier ceux sur lesquels j'allais pouvoir m'appuyer.

LD : *J'adore ce système ! En faisant un métier comme ça, tu te sens responsable de montrer quelque chose de parfait, ou pas du tout ?*

TT : Non, et je ne pense pas que ce soit ce que les gens veulent voir. Quand je vis quelque chose que je trouve un peu amusant, ou un peu ridicule, je vais avoir envie de le raconter. C'est ce genre de moments que j'aime raconter.

Je suis convaincu que les comptes Instagram qui cherchent à faire miroiter une vie parfaite, idéale, ce n'est pas ce que les gens aiment. Les gens se déplacent pour voir mon spectacle parce que je montre que ma vie est normale. Ce qui est le cas : je rentre chez moi, je me fais à manger… C'est ça qu'ils aiment voir.

LD : *Mais c'est clair. C'est pour ça je trouve que dans des métiers de représentation publique qui s'apparentent à l'univers de l'humour, c'est plus accepté de se dévoiler au naturel. C'est plus courant – du moins, ça le devient. Mais ça n'a pas toujours été le cas.*

*Les humoristes des générations précédentes, on ne les voyait pas forcément se dévoiler ainsi.*

TT : Oui ; l'arrivée des réseaux sociaux a ouvert la brèche. Comme on est tous constamment en représentation, on a besoin de voir des personnes qui nous ressemblent. Si les gens te remarquent parce que tu es connu et te demandent un selfie, ce n'est plus tant parce que tu es connu que parce qu'ils te voient. Parce que tu fais partie de leur quotidien.

LD : *Oui. Mais dans l'univers de la musique, ce n'est pas encore ça... S'affranchir d'une injonction tacite à la perfection de l'image qu'on renvoie ne va pas de soi.*

TT : Dans l'humour, on fait rire le public. De fait, les gens nous autorisent à nous montrer dans des situations peu glamour, parce qu'ils ont besoin de ça pour rire !

Mais cette chance a aussi son pendant négatif : on a plus de mal à être pris au sérieux. Ceux qui rêvent d'incarner des rôles dramatiques souffrent de ce que cette image leur colle à la peau.

La chanson, c'est différent. Il faut faire rêver ; la musique crée une distance, il y a toute cette dimension glamour, de paillettes...

LD : *Je pense que le code associé à cet art – les paillettes pour que ça tape fort au cœur – pourrait « sauter ». Associer la rêverie à une image de perfection, c'est déjà un écueil, un formatage. Quand on y réfléchit, dans notre jeunesse, parmi les personnes qui prenaient la lumière, celles qui nous mettaient à l'aise étaient celles qui recouraient à l'humour, par le stand-up ou les sketchs. Leur manière de gérer leur image était différente, elles renvoyaient quelque chose de plus « normal », de moins idéalisé. C'est important que ça se propage dans tous les corps de métier de représentation publique. On aurait des modèles plus vrais, plus déconstruits. Mais toi en tout cas, c'est fou : tu incarnes ce que tu dis. Ne serait-ce que quand tu racontes comment tu vois les choses, comment tu les ressentais même quand tu étais enfant, il y a une force. On n'a pas tous ça...*

TT : Après, quand tu t'es beaucoup posé la question, tu te dis qu'il faut avancer. C'est juste qu'il y a des gens qui se la posent plus tard.

LD : *Tu te l'es posée bien tôt ! Et que dirais-tu à des petits garçons, et même au petit garçon que tu étais, aujourd'hui ?*

TT : À moi petit garçon, je dirais : « Patience ». Mais pour tout, il faut de la patience ! Ne pas lâcher.

LD : *Dernière question : dans un monde meilleur, qu'est-ce qu'il se passerait ? C'est une dissertation !*

TT : Dans un monde meilleur... Tellement de trucs devraient avoir lieu dans un monde meilleur... Je pense qu'on traiterait mieux la planète, les gens seraient mieux traités, et seraient plus heureux, moins en colère les uns contre les autres. Il y a vraiment un truc de cause à effet.

LD : *Tout part de la nature.*

TT : Clairement ! On dit que les gens sont malheureux à cause du gouvernement ; donc, de fait, ils le sont en partie à cause du capitalisme. Même si je contribue à ce système, que j'en jouis, je suis bien conscient que l'on détruit la planète. On a besoin de consommer parce qu'on est malheureux, c'est un véritable cercle vicieux. Les individus s'opposent du fait des inégalités, certains ont moins, d'autres ont plus à cause de ce système. Parfois, on en vient à penser que ce n'est pas sûr que l'on puisse s'en sortir. J'arrive à un stade où je me dis que je crois que les gens qui nous gouvernent ne sont pas là pour arranger les choses.

LD : *Ils sont eux-mêmes pris dans le système ?*

TT : Oui. Tu sais, quand j'étais petit, je me disais qu'il y avait forcément quelqu'un tout en haut, que la Terre appartenait à des gens qui la gouvernent parce qu'ils ont de l'argent, qu'ils possèdent des territoires que tout le monde veut…

LD : *C'est fou, cette nécessité de posséder des territoires ou de ne pas en posséder, enfin je trouve qu'il y a un vrai parallèle à faire avec la manière dont tu te sens toi en tant que personne, le point auquel tu es un territoire pour toi, tu es libre ou pas, tu peux tout posséder de toi ou pas. Certaines personnes ne sont pas propriétaires d'elles-mêmes, ne circulent pas librement en elles-mêmes, et donc, à partir de là, cela génère de la frustration, et naît l'irrépressible besoin de posséder géopolitiquement.*

TT : La frustration génère des désirs mal placés.

LD : *Et voici désormais ma vraie dernière question : qu'est-ce qu'un corps pour toi ?*

TT : Je vais te le dire ; c'est une chose à laquelle j'ai réfléchi car je viens de perdre mon grand-père. On a fait un diaporama pour la crémation, on a passé des photos, j'ai vu défiler sa vie, de lui, petit garçon à vieillard, puis je l'ai vu mort. L'âme est partie.

Ce qui m'a frappé, c'est que le corps est vraiment l'enveloppe physique, mais absolument pas le reflet de ce qu'est fondamentalement la personne.

Deux personnes créent une enveloppe physique dans laquelle s'est incrustée une âme. Il y a des associations qui sont très bonnes. C'est ce que j'avais envie de dire à ma mère : je suis trop content que vous deux, mes parents, ayez créé cette enveloppe et que j'aie cette âme. Parce que je trouve que ça fonctionne super bien. Cela étant, l'âme de quelqu'un se forge selon les personnes avec lesquelles il évolue. Je trouve que chez certaines personnes, l'âme ne fonctionne pas bien avec le corps. Pour moi, le corps, c'est une enveloppe. Quand j'ai vu mon grand-père mort, ma mère m'a dit : « Si tu veux l'embrasser, le prendre dans tes bras… » Je l'ai embrassé naturellement, j'étais hyper-triste, mais pour moi, il n'était plus là. Il était là physiquement, mais figé, mort. C'était son corps, mais ce n'était pas lui.

LD : *C'est la vie qui disparaît.*

# Barbara Butch
## S'AIMER POUR DEVENIR SOI

DJ, productrice, modèle photo et activiste de l'amour, Barbara Butch est révélée au grand public pendant le confinement en 2020, lorsqu'elle organise des DJ sets géants dont chacun peut profiter en se connectant sur Instagram uniquement.

LAURIE DARMON : *Enfant, avais-tu déjà une conscience de ton corps ?*

BARBARA BUTCH : J'avais principalement une conscience aiguë de l'inégalité entre filles et garçons devant la religion. Cela me rendait folle – et c'est encore le cas aujourd'hui. Toutefois, aujourd'hui, la situation à la maison est plus équilibrée. Je pense que ce changement découle des efforts et de ma lutte pour que les choses évoluent.

LD : *Tu t'es rebellée très jeune face à cela ?*

BB : Tout à fait : même très petite, je ne comprenais pas pourquoi les filles n'avaient pas le droit d'étudier la Torah, par exemple. Et je ne pouvais pas me résoudre à ce que les hommes jouissent du privilège de l'étude des livres saints.

Je dois t'avouer que c'est la première fois que je le formule aussi clairement ; je n'en ai jamais parlé à personne !

LD : *On a une exclusivité !*
*Je suis d'accord avec cela ; j'ai moi-même beaucoup ressenti cette inégalité. Est-ce que quelque chose t'a rendue sensible à l'injustice ?*

BB : Rien en particulier ; la constater suffisait à me révolter. Je ne supportais pas que certaines choses soient permises aux garçons, et pas aux filles. On enferme nos corps de femmes si jeunes !

LD : *C'est vrai que très tôt, nos corps sont très contraints.*

BB : Par des règles qui jamais ne s'imposeront aux garçons. On autorise à ces derniers de tomber, de s'aventurer, alors qu'on interdit aux filles ne serait-ce que de s'écorcher les genoux ! Et puis, il y a la sexualisation ; je ne comprenais pas pourquoi, si jeune, je devais me contraindre dans mes postures. Je n'avais par exemple pas le droit de m'asseoir comme mon frère, sans qu'on m'ait expliqué ou justifié cet impératif. J'ai compris bien plus tard que c'est parce que des hommes peuvent sexualiser un corps d'enfant en posant dessus un regard lubrique.

LD : *Quelle était ta réaction face à cette conscience ? J'imagine que c'était celle de la dénonciation, ou de la révolte !*

BB : J'étais en effet révoltée. Puis, j'ai lu le livre *Yentl*, et j'ai vu le film du même nom – avec Barbra Streisand. Le personnage principal, une femme, est passionné par la Torah ; aussi ne comprend-elle pas pourquoi elle n'est pas autorisée à l'étudier. De fait, elle se grime en rabbin pour pouvoir entrer dans une *yeshiva*, habillée en homme.

LD : *C'est intéressant ! Je ne connaissais pas ce livre et ce film.*

BB : Ils sont merveilleux ; t'en parler me donne envie de relire le livre, qui m'a beaucoup marquée. J'admirais qu'elle ne prenne pas en compte les interdits, et qu'elle choisisse de s'intéresser à ce qui la passionnait. De fait, j'ai moi-même choisi de me consacrer à ce qui m'intéressait et ce que je désirais – en dépit des interdits.

LD : *Donc en fait, si tu avais envie de t'habiller en garçon, tu t'habillais en garçon...*

BB : Tout à fait ! Je faisais ce dont j'avais profondément envie. Et il était hors de question que l'on s'oppose à mes désirs, à mes aspirations.

LD : *On a pointé du doigt le fait que tu t'affranchisses des normes et des diktats ?*

BB : Non. De temps en temps, on m'opposait des réflexions telles que : « Tu devrais porter une robe. » J'ai toutefois été globalement préservée. En outre, ma famille comptait beaucoup de femmes fortes, qui cependant se soumettaient à des traditions stupides, comme l'idée ancrée que c'est à la femme qu'incombe le débarrassage ! Cela était tellement contradictoire avec leur force et leur indépendance. Elles m'ont en revanche toujours laissée être moi-même, comprenant que j'étais un cas à part.

LD : *C'est formidable ! Les membres de ta famille ne t'ont donc pas considérée comme bizarre ou anormale ?*

BB : Ils ont essayé, mais cela n'a pas fonctionné. En réalité, ils ont très vite compris que j'étais ainsi, que j'avais mon caractère. En revanche, le jugement s'est accentué quand j'ai commencé à grossir.

LD : *Quel âge avais-tu ?*

BB : Je ne sais pas, je pense que ça a commencé vers la fin de l'adolescence ? Mais je n'ai pas d'idée très claire, car quand je regarde les photos aujourd'hui, je me dis que, vraiment, je n'étais pas grosse en réalité !

Par exemple, quand tu observes que la chanteuse Baby Spice était considérée comme la « grosse » des Spice Girls, tu mesures à quel point un jugement peut être hors de propos, injuste et pas pertinent.

LD : *Tout à fait. Quand tu as décidé de t'habiller comme tu le voulais, en t'affranchissant des codes, est-ce que le regard des autres, à l'école par exemple, a changé ?*

BB : Non, parce que je ne côtoyais que des garçons. Je n'avais pas de copines. Il s'avère que tous ces garçons sont gay aujourd'hui. Nous formions un groupe de cinq.

LD : *Je pense que tu te reconnaissais déjà parmi des gens qui étaient ouverts d'esprit, qui n'étaient pas formatés.*

BB : Je pense que je savais que j'étais un peu marginalisée. D'ailleurs, j'étais avec des garçons qui étaient dans le même cas que moi.

J'ai grandi dans le 7$^{e}$ arrondissement de Paris – un arrondissement extrêmement bourgeois. J'ai fait ma primaire et mon collège là-bas. J'étais donc entourée de personnes extrêmement aisées, extrêmement riches, issues de familles de politiciens ou de diplomates, avec des gens qui travaillent en ambassade par exemple.

Mon père a d'abord été peintre en bâtiment ; ensuite, mes parents ont eu un petit restaurant et nous habitions l'appartement de 40 mètres carrés qui se situait juste au-dessus. Nous le partagions tous les quatre.

C'était un petit restaurant et une petite maison adorables. Nous vivions là car mon père, marocain, a vécu en Israël ; il a aspiré, très jeune, à quitter ce pays. Il rêvait d'habiter près de la tour Eiffel.

C'est pour cette raison que nous vivions dans ce quartier, afin qu'il réalise son rêve d'habiter à proximité de la tour Eiffel, pour pouvoir le dire à sa famille.

Mais, de fait, j'ai été contrainte de grandir avec ces enfants très aisés, alors que nous ne disposions pas du tout de leurs moyens. Mes amis, à l'école, étaient les enfants de concierge.

J'ai donc intégré très tôt que mon existence n'avait pas la même valeur que d'autres, et que, entre personnes marginalisées, on se reconnaissait.

Ce n'était pas conscient puisque tout cela s'est fait naturellement, même si ces dynamiques apparemment naturelles restent largement sociales.

LD : *Bien sûr, complètement. Est-ce que côtoyer ces personnes qui te ressemblaient davantage t'a préservée ?*

BB : Oui ; il s'agissait pour moi d'une zone de confort.

LD : *Et toi, finalement, ça t'a permis de ne jamais te remettre particulièrement en question même si tu t'habillais comme un garçon.*

BB : Oui ! C'était merveilleux, chacun d'entre nous était infiniment libre de faire ce qu'il voulait.

LD : *C'est tellement précieux. Et comment as-tu ensuite vécu le début de ta prise de poids, à la fin de l'adolescence ?*

BB : En fait, je ne m'en rendais pas compte, et cela m'importait peu.

C'est vraiment à l'âge adulte que j'ai pris du poids. Et puis, tu sais que dès que tu prends ne serait-ce qu'un kilo, tu es critiquée. Le corps devient le seul refuge face à toute cette maltraitance accumulée.

Les remarques de ma famille étaient le plus difficile à supporter. On me confrontait sans cesse au fait que j'avais une culotte de cheval, on m'incitait à perdre du poids. Je ne comprenais pas, d'autant plus que ce que les gens percevaient de moi différait de l'image que j'avais de moi-même.

J'éprouvais de la colère. Comment pouvaient-ils se permettre de me dire ce que je devais faire, ce que je devais manger ? Pourquoi devais-je subir cette pression ? Qu'est-ce qui les autorisait à faire cela ? En outre, ils prétextaient souvent la bonne santé, alors que ce qui détruit le corps est précisément la *diet culture*. Peu importe le poids, elle met à mal le corps des femmes. Nous en sommes toutes victimes.

LD : *Tu arrivais à répondre cela ?*

BB : Non : je n'avais pas encore les outils nécessaires. Ma réponse a été de partir, d'aller vivre loin, de m'éloigner physiquement. Je revenais voir ma famille seulement quand j'en avais envie. Je me suis rendue dans le sud de la France vivre ma vie – notamment ma vie de lesbienne.

LD : *Et c'est à ce moment-là que tu t'es profondément acceptée comme tu étais ?*

BB : Je me suis émancipée.

LD : *Quel âge avais-tu ?*

BB : J'ai fait un premier départ à dix-sept ans ; je suis vraiment partie à dix-neuf ans.

LD : *C'est fou : c'est courageux et impressionnant. Comment le prenait ta famille ?*

BB : Je crois que ma famille a compris très tôt qu'elle ne pourrait pas me formater, m'enchaîner.

LD : *Et ton départ pour le sud de la France s'est fait dans la douceur ?*

BB : Plutôt, oui. Et puis, tu sais, jusqu'à mes vingt-six ans, j'ai eu mon arrière-grand-mère. Elle a été un pilier, une bouée de sauvetage. Elle était en surpoids, et elle me rassurait constamment : elle me promettait que, peu importait ce qu'on pouvait me dire, je trouverais l'amour.

Elle, elle avait rencontré mon arrière-grand-père qui était l'amour de sa vie – et qui était extrêmement beau. Elle m'a toujours promis que mon corps ne m'empêcherait jamais de trouver la personne de ma vie, et elle avait raison. J'ai mis du temps à la trouver, mais elle est désormais à mes côtés.

LD : *C'est merveilleux ; ça t'a donné un socle, une confiance.*

BB : Tout à fait, j'y ai puisé mon sentiment de légitimité à exister.

LD : *Quand tu es partie, tu as fait droit à ton désir amoureux et sexuel. Tu savais déjà ce qu'il en était avant de partir, mais est-ce que tu l'exauçais ?*

BB : Je le savais et je l'exauçais déjà. J'ai toujours assumé qui j'étais.

J'assumais que j'étais lesbienne quand j'étais animatrice.

LD : *C'est à ce moment-là que tu décides de faire le métier que je te connais, celui de DJ ? D'épouser un métier où tu peux être dans la lumière, être regardée ?*

BB : J'ai toujours aimé faire danser les gens. Quand j'étais petite, j'ai organisé à l'occasion de mes dix ans ma « boum », la première de l'école. C'est moi qui sélectionnais la musique ! Je m'en souviens comme si c'était hier parce que c'était concomitant avec la sortie de l'album de Michael Jackson *Dangerous*. De fait, je ne passais que ça.

J'ai vraiment décidé de mixer parce que j'avais réussi à ouvrir un petit restaurant à Montpellier, dans lequel il y avait des platines. Je passais des disques pendant les soirées, à la fin des repas. Quand j'ai fermé mon établissement, trois ans après l'ouverture, quelqu'un m'a demandé si j'avais envie de m'occuper de la musique dans son bar. Au début, je lui ai dit que je n'étais pas capable de faire cela spontanément devant des gens, alors même que je le faisais quotidiennement dans mon restaurant !

C'est ainsi que j'ai commencé à assurer des dates à Montpellier dans les petits bars, toujours avec mes caisses de vinyles. J'ai adoré ! Mais, en 2012, j'en ai eu assez du Sud et j'ai voulu revenir à Paris. Je suis retournée vivre chez ma mère.

Je ne savais pas trop ce que j'allais faire – ni comment. Est-ce que j'allais réussir à bâtir une carrière à Paris ? Je n'y connaissais plus personne, alors comment me construire un réseau ? Comment mixer dans la capitale ? Je venais de la province, moi.

J'ai finalement rencontré un garçon très sympa, qui m'a encouragée à aller mixer dans le bar d'un de ses amis. Après ça, tout est allé très vite. Dès que j'ai commencé à mixer, d'autres personnes m'ont repérée et ont voulu que je joue pour elles. J'ai pleinement embrassé ces occasions, cette situation. Je me suis énormément investie.

J'ai rencontré de plus en plus de succès au mix, j'étais suivie par un nombre croissant de personnes. C'est là que j'ai mesuré qu'une responsabilité m'incombait : par ma visibilité, j'étais entendue. J'ai voulu devenir la porte-parole de ceux qui en avaient besoin. J'ai utilisé ma voix – et mon corps derrière les platines – pour dire aux personnes qui pouvaient me ressembler qu'elles n'étaient pas seules.

Je l'ai fait derrière les platines, en écrivant sur mon corps des choses comme « grosse », « lesbienne », « juive », enfin toutes les insultes qu'on aurait pu proférer à mon égard, mais que je me suis appropriées pour en faire une force.

LD : *C'est extrêmement inspirant. C'est une démarche qui m'a personnellement beaucoup aidée. En agissant de la sorte, tu déconstruis – mais j'ai conscience que pour faire cela, tu t'utilises toi-même comme cobaye.*

BB : Exactement ! Je suis le cobaye. Je me rappelle que quand j'ai dit que j'étais lesbienne et qu'il allait falloir s'y faire, j'espérais déjà que ça puisse aider d'autres personnes. Je savais qu'il fallait que je le fasse pour d'autres personnes, qui n'osaient pas l'exprimer et l'assumer.

LD : *C'est beau, tu avais déjà cette conscience.*

BB : Oui. Je me souviens d'un garçon rencontré lors d'un camp de ski. Il m'a écrit vingt ans plus tard, pour me confier : « Je me rappelle que tu as fait la cuisine sur un camp d'hiver au ski. Tu as parlé de ton orientation sexuelle et après tu as organisé une sorte de module, de stage sur ce sujet. » C'est grâce à cela qu'il a pu assumer qu'il était gay : ça l'avait vraiment marqué et ça lui a permis de s'affranchir, de se libérer de la honte.

J'ai mesuré que ça avait aidé une personne ; peut-être que ça en aiderait davantage ! Ce retour a été une très belle victoire.

LD : *Être dans cette lumière, être porte-parole, incarner cette femme forte qui élève la voix, ça ne t'a jamais fait peur ? N'y a-t-il jamais eu de remarques ou d'excès qui t'auraient donné envie de reculer ?*

BB : Si, bien sûr ! Et puis, je n'avais de cesse de m'interroger quant à ma légitimité. Le syndrome de l'imposteur était d'autant plus présent que j'étais une femme – et je trouve qu'en tant que femme, on craint toujours d'empiéter sur la place de quelqu'un d'autre. D'être trop. De plus, j'ai été un peu rejetée par les groupes que je pouvais représenter. Du coup, j'ai craint de prendre cette place, d'endosser un rôle qui ne m'appartenait pas.

Je pense notamment à une association, Gras Politique.

J'y ai rencontré pour la première fois des femmes en surpoids, qui me ressemblaient. Je désirais profondément rejoindre cette association, mais ses membres ont refusé, craignant que je n'occupe trop de place. Cela m'a brisé le cœur. Rencontrer des gens qui me ressemblent mais qui m'ont rejetée, alors même que j'avais profondément besoin de rencontrer une communauté, a été extrêmement douloureux.

LD : *Je comprends ! Qu'as-tu fait suite à ce rejet ?*

BB : Je me suis dit que j'allais, quoi qu'il en soit, persévérer seule.

Il en va de même aujourd'hui : je suis convaincue qu'à talent égal, si j'avais un corps différent, j'en serais à un tout autre stade. Tu vois, je n'ai trouvé personne pour me signer. Je n'ai plus de manager, je n'en ai pas eu pendant six mois, je n'en avais pas avant. Qu'est-ce qu'il faut que je fasse encore ? Parce que je me suis démenée, pour être considérée. Pour être prise au sérieux. Pour être crédible.

LD : *Mais au sein du système ! Parce que du crédit, tu en as beaucoup !*

BB : Au sein du système.

LD : *Le véritable problème, c'est d'intégrer ce système. Toi, tu évolues hors système.*

BB : Or, ce système est miné ! Il faut le questionner, le changer, le faire évoluer.

Je constate encore aujourd'hui que les entreprises ont parfois peur. C'est déjà arrivé qu'elles ne me choisissent pas, du fait du message politique qu'elles risquaient de transmettre en me sélectionnant. Alors que tout ce que je fais, c'est faire danser les gens !

De même, certains lieux et milieux ne me sont pas accessibles – je pense au milieu de la mode.

Certes, je suis une égérie de Jean-Paul Gaultier, mais jamais je n'ai été invitée à mixer à une de leurs soirées. Pour me faire respecter, je dois travailler dix fois plus que d'autres.

LD : *Je comprends complètement, plus que tout le reste, à vrai dire... Je suis intimement convaincue qu'il faut se faire une raison : quand on évolue hors système, on accepte – du moins, on se fait à l'idée – que le système ne nous épousera pas.*

BB : Tout à fait.

En revanche, j'aimerais vraiment mettre en place un groupe, une équipe de femmes et qu'on se confie, qu'on se transmette toutes nos techniques, qu'on fasse nos équipes, qu'on partage nos savoirs. Comme une sorte de label de femmes… Une équipe. Ensemble, on est plus fortes. Ça soulagerait, ça enlèverait une charge mentale.

LD : *Complètement. Il faut remarquer que quand tu évolues hors système, ceux qui t'adoubent profondément, ce sont les gens, le public. Vraiment eux.*

*Je t'ai découverte pendant le confinement. C'est au moment précis où le système tel que nous le connaissions était « rompu » que ta visibilité a explosé. Ce n'est pas anodin, cela traduit que ta notoriété n'est pas dépendante du système : elle prend sa source ailleurs. Et je trouve ça très émouvant, que cet engouement exprime et traduise la reconnaissance pure et simple du peuple.*

BB : De plus, c'est pour moi un moment très ancré et gravé. J'ai organisé les soirées durant le confinement parce que je ne voulais pas le traverser seule, et que j'éprouvais le besoin de laisser une marque, une trace.

J'ignorais combien de temps cette situation durerait, mais si cela se prolongeait, il fallait que les gens se souviennent de moi. Cette stratégie a fonctionné ; et, surtout, cela a créé des souvenirs merveilleux !

LD : *Pour énormément de monde – et à une échelle phénoménale. C'est la plus belle des bénédictions, plus que celle d'un système.*

BB : Effectivement. Mais, après le confinement, j'espérais être contactée par des agences de *booking* et, finalement, rien ne m'a été proposé.

LD : *Je vois très bien de quoi tu parles. Et c'est pour ça qu'il y a un moment où il est nécessaire de se résoudre à l'idée que le système ne t'épousera pas. Il faut faire le deuil de sa validation, et ce que tu feras sans le système ne te ressemblera que davantage ! Tu ne cherches plus à correspondre à des normes.*

*D'après ce que tu me dis, tu sembles t'être affranchie du système tout de suite.*

BB : Exactement.

LD : *C'est très inspirant.*

## Hugo Bardin *aka* Paloma
## DOMPTER LA LUMIÈRE

Réalisateur, comédien et drag-queen français, Hugo Bardin – *aka* Paloma – est révélé au grand public à l'été 2022 en remportant la première édition de l'émission « Drag Race France ». Il poursuit depuis une carrière fabuleuse, s'illustrant sur scène avec son propre spectacle, mais également à la télévision.

LAURIE DARMON : *Plus jeune, au cours de la petite enfance, avais-tu une conscience de ton corps ?*

HUGO BARDIN : Je pense que j'étais un enfant assez narcissique. Je ne sais pas si c'est tellement lié à mon corps, mais ma sœur et moi étions très aimés. Très considérés. En même temps, j'ai l'impression qu'on a plus flatté mon cerveau que mon corps. Disons que le premier était plus valorisé que le second. Que ce soit sur le plan des performances intellectuelles ou sur celui de la santé mentale, du fait d'aller bien.

Il n'y avait pas de culte du corps dans ma famille : sportif ou autre, on n'en parlait pas. En revanche, un membre de ma famille souffre d'anorexie mentale, à un niveau assez grave. Cette personne a plus de soixante ans mais est malade depuis ses treize ou quatorze ans.

De fait, ma mère était très vigilante sur ce point, autant à mon sujet qu'à celui de ma sœur.

Moi, j'étais très maigre jusqu'à mes douze ou treize ans, jusqu'à ce que mon corps commence à changer. À partir de mes treize ou quatorze ans, je n'étais ni svelte, ni mince, ni gros, j'étais une espèce de garçon un peu mou. Je complexais donc beaucoup à l'adolescence, chose nouvelle pour moi car j'étais jusque-là très mince et je n'en souffrais pas.

Ma mère a constaté que je commençais à vouloir maigrir – je ne m'affamais pas, mais je voulais perdre du poids. Elle a immédiatement réagi : elle avait trop souffert de l'anorexie vécue par un membre de sa famille pour ne pas être extrêmement vigilante avec ses enfants. Elle m'a tout de suite remis en place, et je n'ai jamais basculé dans ce genre de travers : je n'ai jamais eu de troubles alimentaires. Néanmoins, je restais très complexé. J'ai adopté un style gothique, je me cachais derrière des vêtements noirs, des corsets…

LD : *L'envie de maigrir venait-elle de ce que tu te sentais un peu complexé ?*

HB : En fait, ce n'est pas tant que j'avais envie de maigrir… Enfin, si, mais tu sais, j'ai toujours eu un style original, un physique peu classique, un visage particulier. J'en ai toujours eu conscience, et je n'ai jamais eu de problèmes avec ça. C'est bête, mais il y a des standards. Et le collège ou le lycée ne sont pas les périodes où tu es le plus à ton avantage… Ce sont les pires années. Je n'ai pas eu d'acné ou ce genre de chose, mais j'étais mou, j'étais mal dans mon corps, j'avais les cheveux longs… Je voyais, juste à côté de moi, les garçons faire du sport. Et je me disais qu'il serait peut-être bon que je suive un peu plus la norme. Personne ne m'a jamais dit que j'étais gros : c'était dans ma tête ! J'étais surtout mou. Mais tout ça n'a jamais été un sujet très important pour moi.

LD : *En réalité, je pose la question de savoir si tu avais une conscience de ton corps pour savoir si tu as été pointé du doigt, et si, de fait, tu as développé la conscience de ce qu'on te renvoyait de ton corps. Dans ta famille, par exemple, d'après ce que tu me dis, ce n'était pas un sujet. On s'intéressait plus à l'intellect, au cerveau, à la question de savoir si tu allais bien. Est-ce que, pour autant, tu regardais les corps des autres ? Est-ce que ton corps a été pointé du doigt à l'école par tes camarades ? Est-ce qu'il y avait une conscience du corps tout court ?*

HB : Mon corps n'a jamais été pointé du doigt, je n'ai jamais eu de problème de mon côté par rapport à ça. Mais évidemment que la cour de récré est un endroit atroce, où il est préférable de correspondre à la norme. Jusqu'à mes quinze ans, j'avais peu d'amis. Les personnes qui m'entouraient étaient essentiellement des filles, que ce soit à la maison ou à l'école ! Et, au travers de ce que vivaient mes copines, je mesurais à quel point la cour de récré était violente pour les autres. La moitié de mes amies avait des troubles alimentaires.

LD : *Ah oui ?*

HB : La moitié ! C'est quelque chose que j'ai continué de constater après, quand j'étais à Paris et que je faisais le cours Florent. J'avais beaucoup de copines comédiennes qui étaient dans la norme, en termes de poids. Mais, en dépit de cela, les professeurs leur adressaient des remarques désagréables. Par exemple : « Toi, dès que tu auras quelques kilos en moins, tu entreras au conservatoire », ou : « Toi sur ce casting, il faut que tu te muscles, il faut que tu t'affines », ou encore : « Toi, avec 5 kilos en moins, tu serais belle. »

Je ne restitue pas exactement les termes employés, mais c'était l'idée. J'ai vu des amies tomber dans l'anorexie à vingt ans, de manière parfaitement inconsciente ! Il m'était impossible de leur faire entendre raison. Je connais bien tous ces mécanismes, pour avoir toute ma vie côtoyé quelqu'un qui souffre d'anorexie mentale, sans voir le problème, et qui fuit la conversation. Je pouvais voir les ressorts se mettre en place. Par exemple, disparaître à l'heure des repas, ou mettre trente minutes à manger un morceau de pain…

LD : *Oui, et tu vois le déni surtout.*

HB : Tu vois le déni. Et je sais pertinemment que c'est une maladie très grave, parce qu'il y a du déni et donc de l'inconscience de ce qui t'arrive. Donc, tu ne peux pas aider les gens parce qu'ils ne veulent pas être aidés.

Moi, ce que j'ai à dire sur mon corps n'est pas corrélé au poids. Ça n'a jamais été un sujet et j'ai toujours été plutôt à l'aise avec mon corps. Enfin, à l'aise d'une certaine manière : par exemple, je n'aime pas mon torse, mais je considère que c'est un problème relatif, tu vois.

Ce que j'ai à dire, c'est plutôt qu'on m'a toujours appelé « Mademoiselle » depuis que j'ai huit ans. Aujourd'hui, ça n'est plus le cas, ce qui est paradoxal parce que je fais du drag. Mais cela m'est arrivé de mes huit à mes dix-huit ans ! On m'appelait systématiquement « Mademoiselle ».

Je cultivais cette ambiguïté. Par exemple, quand j'étais chez ma grand-mère et que je répondais au téléphone, je me faisais passer pour la femme de ménage. Je faisais des blagues !

Ça m'amusait de jouer de ça. J'avais les cheveux très longs, je rentrais dans la boulangerie, on m'appelait « Mademoiselle », alors que je mesurais 1,80 mètre !

Aujourd'hui, j'ai changé. Mon visage s'est masculinisé. Mais pendant très longtemps, j'ai joué de cette androgynie. Je cultivais une sorte d'ambiguïté à mon égard parce que je pensais que c'était en elle que résidaient ma force, ma différence, mon originalité.

Malgré tout, au fond de moi, je pense que subsistait le désir d'être un garçon plus classique. Mais j'avais conscience de mon originalité. Et, plutôt que de la subir et d'en souffrir, j'ai décidé qu'elle deviendrait ma force. Je prenais du plaisir à le faire, et c'est comme ça que je me suis mis à aimer mon physique : en en voyant la beauté, en exploitant mon côté créatif.

LD : *Et donc, cette démarche, tu la mettais en place sans la formuler ?*

HB : Non, je n'en ai jamais discuté ! C'était en effet très solitaire comme démarche, et je pense que ça s'est fait assez tôt en fait.

Ce qui m'a beaucoup aidé, c'est de me cultiver et de regarder beaucoup de films. C'est ce que j'ai fait jusqu'à mes quinze ans environ, puisque j'étais assez seul.

J'y ai vu des acteurs et des actrices qui étaient différents, par exemple Rossy de Palma – j'étais fan d'Almodóvar. En fait, j'admirais les gens qui avaient un physique qui ne correspondait pas aux standards.

Je les voyais dans les films, avec des carrières exceptionnelles, faire exactement ce que je rêvais de faire dans la vie. Leur originalité est une force, on les aime pour ça. De fait, très tôt, j'ai eu une approche mature de la situation : j'ai accepté mon apparence, conscient que, parfois, elle m'agacerait, mais que je pouvais en tirer parti.

LD : *C'est fort que tu aies eu cette capacité à donner libre cours à qui tu étais. Aussi différent que tu puisses être.*

HB : Après, je pense que j'étais assez narcissique parce qu'on m'avait dit que j'étais très intelligent. De fait, je me persuadais que les autres étaient le problème – pas moi. Ça semble très narcissique de l'exprimer ainsi mais quand j'y réfléchis, je me dis que ce côté un peu égocentrique que j'avais, enfant, m'a peut-être protégé aussi du fait de me diminuer à mes propres yeux.

Me dévaloriser, ça m'est arrivé plus tard, à l'âge adulte.

LD : *Et à l'âge adulte justement, pourquoi te diminuais-tu ?*

HB : Pour plein de raisons. Déjà parce que je suis arrivé à Paris en 2009 ; je venais de passer le bac, je venais de quitter Clermont, je découvrais la vie d'adulte et surtout je découvrais ma sexualité. Je la connaissais certes déjà, mais c'est à Paris que j'ai commencé à avoir des expériences, à rencontrer des mecs, à draguer.

Je me suis retrouvé à dix-huit ans dans le Marais, les cheveux au milieu du dos, habillé comme Chateaubriand. Je ne me conformais absolument pas aux codes. J'étais un garçon au comportement, à la gestuelle « féminins », dans le sens où on l'associerait plus aux femmes.

Je ne plaisais alors pas du tout ; je n'avais aucun succès à ce moment-là !

Et, au cours Florent, on m'a incité à me « viriliser », à me couper les cheveux, en m'expliquant que je ne passerais pas de castings avec ce style. J'ai alors joué le jeu de me fondre dans la masse, et là, j'ai commencé à plaire.

Alors, automatiquement, tu te dis que c'est dommage de devoir se normer à ce point pour plaire. Mais se fondre dans la masse n'a jamais été un poids pour moi. Je suis à l'aise avec ça.

Je suis assez paradoxal finalement, car j'aime être remarqué comme passer inaperçu.

Correspondre aux normes a changé beaucoup de choses ; je me disais que c'était certes bien de revendiquer sa différence, mais que peut-être il était parfois préférable de ne pas le faire.

Puis est arrivée ma rencontre avec le drag. J'ai commencé à assumer d'être queer. De fait, il y a eu un retour à une forme d'extravagance. J'ai trouvé un équilibre entre les deux. Et je me suis dit que j'avais perdu du temps, que j'aurais aimé en avoir conscience plus tôt. Les temps ont changé, je pense qu'aujourd'hui, être queer, c'est moins exceptionnel ; à l'époque, ce n'était vraiment pas sexy, quoi.

LD : *Tu fais beaucoup de bien, tu participes beaucoup au fait de « normaliser » le marginal. Et ça n'a pas de prix, ça. Je suis convaincue que des personnes qui grandissent et pourraient se sentir comme toi tu te sentais plus jeune n'en feront pas autant un problème plus ou moins enfoui, grâce à des personnalités comme toi.*

HB : Oui, bien sûr, c'est la représentation !

LD : *Je remarque que vient un moment où tu acceptes quelque chose de toi qui est assez profond et qui est notamment cette envie d'être effectivement un peu drag, de mettre en avant ce qui existe en toi, que tu ne savais autrefois pas comment mettre en lumière. Et il me semble que c'est précisément à ce moment-là que tu trouves cet équilibre et que ton corps, finalement, devient à la fois celui dont tu as envie quand tu as envie d'être passe-partout, et celui dont tu as envie quand tu as envie d'en jouer. Tu développes un rapport plus paisible à ton corps au moment où tu t'acceptes profondément.*

HB : Alors oui et non. Je pense que quand j'ai commencé le drag, il m'importait énormément de dissocier les deux facettes. D'un côté, Paloma, très flamboyante ; d'un autre côté, Hugo qui n'avait rien à voir.

J'avais aussi besoin que les gens sachent que j'avais deux identités, pour qu'ils ne pensent pas que j'avais un trouble avec mon genre.

Je craignais que les gens associent le fait de faire du drag à un trouble avec le genre.

Puis, au bout d'un moment, ils ont commencé à comprendre que, déjà, ce n'était pas grave, et que je pouvais être un garçon queer et une drag-queen en même temps. Que le fait que ce soit contrasté n'était pas vraiment important.

Puis, il y a eu « Drag Race » et le fait est que je suis en drag à peu près tous les jours depuis un an et demi.

Cela a créé d'autres problèmes : je suis de moins en moins Hugo. Cette année, qui a été globalement formidable pour moi, a aussi parfois été douloureuse parce que, par moments, j'avais l'impression de ne plus être Hugo, et j'ai éprouvé le besoin d'avoir une vie en dehors du drag.

Cette année, je n'ai eu ni le temps, ni le choix, et c'est normal que je joue le jeu à ce point-là. Mais c'est le problème des personnages sur scène : on m'avait prévenu que c'était cathartique et libérateur, mais que, parfois, j'aurais envie de tuer mon personnage pour que l'on s'adresse à celui que je suis au fond. Et cela s'est vérifié : il y a des matins où j'aimerais bien laisser Paloma au placard.

LD : *Oui, en fait, c'est presque un conflit entre deux identités.*

HB : Bah moi, je ne fais pas vraiment de différence dans le sens où, par exemple, quand j'incarne Paloma, je n'ai pas l'impression de changer quoi que ce soit par rapport à qui je suis.

Je pense d'ailleurs que c'est ça qui intéresse aussi les gens : il n'y a pas de schizophrénie dans ce que je fais, c'est juste un personnage de scène, c'est visuel.

C'est ça qui peut être difficile : parfois on me fait venir pour des interviews et on me demande de me mettre en drag, alors que je suis en drag pour le folklore ; ce que je dis, je peux le dire en Hugo !

Après, c'est normal que les gens aient envie de voir Paloma… De même, personne n'a envie de voir Lady Gaga en jogging.

LD : *Mais j'imagine qu'après « Drag Race », ça a été nouveau de devoir gérer en plus ce que les gens attendaient de toi, projetaient sur toi ?*

HB : Le fait d'être sous le feu des projecteurs, médiatisé, souvent filmé, pris en photo…

En plus, le drag, c'est beau de loin mais pas toujours de près : il y a beaucoup d'artifices, de maquillage, le corps est mis à mal tous les jours… Quand je vois ma tête, je me dis que mon corps est en train de lâcher ! Ma peau fatigue.

Parfois, je me vois à la télé et je n'aime pas ce que je vois. Le drag a développé une conscience de mon visage, que j'avais avant mais que peu de gens ont, je pense.

Je me connaissais bien, j'avais une vraie conscience de moi-même, mais là, je suis passé au crible tous les jours ! Forcément, ça réveille des angoisses liées au physique que je n'avais pas avant.

LD : *Comment les gères-tu ?*

HB : Plutôt bien, dans le sens où je me dis que j'ai de la chance d'être un homme. Tu vois ce que je veux dire ? Dans notre société, je sais qu'on ne va pas trop m'embêter avec ça. Je serai toujours mieux traité qu'une femme ; les femmes, passé vingt-cinq ans, on n'a de cesse de leur rappeler leur âge.

Moi, c'est extrêmement rare qu'on me demande mon âge !

La société est beaucoup plus dure avec les femmes. J'ai tous les avantages sans en avoir forcément les inconvénients, j'en suis conscient. C'est un privilège de faire du drag, d'une certaine manière.

J'ai bien conscience qu'on joue avec des codes féminins.

Après, c'est parfois difficile pour moi aussi. Je ne lis pas – du moins, j'essaie de ne pas lire – les commentaires sur les réseaux sociaux, mais je sais qu'il y a énormément de violence à mon égard, parce qu'il y a beaucoup de gens qui n'ont pas envie de me voir et qui se retrouvent confrontés à des vidéos de moi.

Parfois, quand je me plonge deux secondes dans les commentaires, je lis des propos vraiment atroces : « Quelle horreur », « C'est quoi ce monstre ? » Si j'ai vraiment envie de me confronter à une réaction face à mon physique, j'ai juste à aller sous n'importe quelle vidéo de Brut, de Konbini. Je lis les commentaires, et je me tire une balle !

Mais j'ai vraiment beaucoup de recul par rapport à ça ; je m'en fiche un peu. Je suis bien plus touché par les commentaires de personnes qui m'aiment bien et qui n'aiment pas un sketch par exemple. L'avis de celui qui n'est pas déconstruit, je m'en fiche un peu. Je n'ai jamais voulu plaire aux cons, je ne fais pas ça pour eux.

LD : *Tu as quand même une force d'esprit qui n'est pas commune, je t'assure. Quand tu étais petit et que tu étais un peu différent des autres à l'adolescence, car tu dis que tu étais plus féminin, est-ce que tes parents t'ont pointé du doigt pour cette raison ? Ou jamais ?*

HB : C'est compliqué de répondre vraiment, parce que j'ai arrêté de voir mon père il y a vingt ans, pour de nombreuses raisons dont le problème qu'il avait avec mon identité. Ma mère a été un soutien de chaque instant, d'ailleurs je pense qu'elle ne mesure pas à quel point elle a été importante. Par exemple, enfant, je me déguisais souvent, je faisais déjà du drag ! Je ne dirais pas qu'elle m'a poussé, incité à continuer là-dedans, mais elle ne m'a jamais freiné. Elle était toujours la première spectatrice.

Je n'aurais pas pu rêver meilleur soutien qu'elle.

LD : *C'est beau !*

HB : Je pense que les parents ont conscience de l'importance de leur rôle, car ils peuvent aussi, en une phrase, détruire un enfant, et elle ne l'a pas fait. Elle l'aurait pu, sous le coup de la colère, par méconnaissance des choses, mais elle a toujours eu ce souci, cette prévenance de s'inquiéter et de comprendre comment *je* vivais les choses.

LD : *C'est très beau. Peut-être que ta force vient aussi du fait qu'en tout cas ta mère te valide depuis l'enfance.*

HB : Sans me valider pour autant. Tu vois, quand j'ai fait mon coming-out, elle n'était pas dupe : elle s'en doutait depuis que j'avais quatre ans – c'est ce qu'elle m'a dit.

Ma confirmation de quelque chose qu'elle avait senti et attendu toute sa vie a été un choc pour elle, et elle ne l'a pas forcément bien vécu. On n'en a pas parlé pendant quatre ans. Ça n'a pas été simple, ça aurait pu l'être un peu plus compte tenu de l'éducation que j'avais reçue. Mais il est aussi normal que les parents cheminent ; ils doivent inévitablement passer par un processus et il faut leur laisser le temps de comprendre, de digérer, de s'éduquer. Elle a fait toutes ces démarches et, un jour, elle est revenue vers moi avec toutes les clés !

Elle avait des questions auxquelles j'ai pu répondre.

C'est tellement important. Les parents ont un rôle immense et crucial à jouer, parce que se sentir aimé est une source immense de force dans la vie. Quand tu te sais aimé, tu disposes déjà d'un atout non négligeable. Savoir qu'on trouvera un écho bienveillant quels que soient nos choix donne un élan vital, une confiance essentielle.

LD : *Je pense d'ailleurs que le rapport troublé à un corps est révélateur de cette carence-là, c'est-à-dire d'un manque de confiance – conscient comme inconscient – profondément ancré. Souvent, ça vient du fait que dans l'enceinte familiale la plus proche on a perçu que certaines choses étaient impossibles.*

HB : La famille en général n'est pas forcément consciente de ça.

Je pense à ce membre de ma famille qui souffre d'anorexie mentale, mais aussi à ma sœur. Elle n'était pas mince, quand elle était petite, et je revois ma grand-mère qui lui disait : « Mais mange de ça, ça ne fait pas grossir ! »

Ça exaspérait ma mère ; elle répliquait : « Mais rien ne fait grossir ! C'est idiot de parler comme ça ! »

Ce sont des dynamiques inconscientes. Je parle ici des filles, mais je pense aussi aux garçons.

On compte beaucoup de petits garçons anorexiques. On n'en parle jamais mais souvent le trouble naît de quelque chose d'anodin, pas forcément d'une remarque directe telle que : « T'es grosse. » Ce serait trop simple ! C'est souvent plus insidieux, avec des remarques telles que : « Fais attention », « Mange de ça plutôt que de ça. »

Ce genre de troubles ne provient pas forcément de l'école, où l'on t'a fait remarquer que tu avais un bourrelet ; ça peut aussi venir d'un stress familial ou d'un transfert de problématique.

LD : *La plupart du temps, c'est la manifestation concrète de quelque chose qui n'a aucun rapport avec le poids et le corps, et d'ailleurs le corps en est une résultante alors qu'il n'y a pas du tout eu de remarques sur le corps ! C'est juste un révélateur. Je pense que le corps devient « parlant » lorsque la bouche se tait. Dans ce que tu racontes, il y a beaucoup de ça : c'est intéressant de voir que tu t'affirmes, bien que ça soit difficile, et que tu trouves ton équilibre. Les choses deviennent plus fluides.*

HB : Après, ce n'est pas toujours aussi simple. Je t'ai dit dès le début de cet entretien que je suis bien avec mon corps ; en fait, je l'affirme parce que je me dis que si je l'affirme, alors ce sera le cas. C'est un peu le même principe que : « Quand tu veux aller bien, tu vas bien. »

Cela ne signifie pas que je suis toujours à l'aise avec mon corps. Il y a de nombreux moments où je suis complexé, où je feins la confiance en moi parce que je me dis que c'est plus agréable pour les autres et pour moi. Et puis, ça m'apparaît être une démarche positive aussi de me dire : « OK, je vais assumer mon corps, sur une plage, au bord de la piscine, en photo (parce que j'ai fait beaucoup de nus à un moment). »

Je ne suis pas en admiration totale, en vénération par rapport à mon corps. Loin de là : il y a beaucoup de choses que j'aimerais changer. Mais j'ai vingt, trente ans. Un jour, j'en aurai soixante-dix et je regretterai d'avoir perdu du temps à critiquer mon corps jeune alors que je n'aurai qu'une envie : le retrouver ! Je me dis : autant en profiter tant qu'il est là.

LD : *Je sens que tu as aussi une volonté de ne pas t'attarder là-dessus et de te concentrer sur la défense des autres. J'ai l'impression que tu as ressenti qu'il fallait aider les autres, puisque toi tu réussissais à être à l'aise.*

HB : C'est idiot, mais, adolescent, j'étais un grand fan d'Emmanuelle Béart. J'ai eu une espèce de choc artistique avec cette actrice, elle me fascinait. Et je l'ai toujours trouvée sublime. Elle, elle s'est toujours détestée, elle a toujours parlé très violemment d'elle en interview.

À vingt-sept ans, un réalisateur lui a dit : « Oh, pour tel rôle tu serais super, mais si tu avais une plus grosse bouche tu ferais plus femme, moins petit ange, et tu aurais plus de succès. » Et elle s'est fait refaire la bouche, elle a eu une crise d'herpès, ça a empiré : c'est devenu un cauchemar dans sa vie. Les médias se sont emparés de ça ; aujourd'hui encore, on lit : « Emmanuelle Béart, le bec de canard. » Un destin brisé à plein d'égards, et puis le cinéma a été monstrueux avec elle : du jour au lendemain elle a dû retourner au théâtre.

J'ai toujours eu énormément conscience de ça, de la dureté avec laquelle elle s'était regardée, qui a fait qu'elle a laissé les autres avoir un impact sur sa propre image. Tu vois Claude Chabrol qui lui dit : « Tu as un visage d'ange sur un corps de pute » ! Mais qui dit ça ? Et à quel moment tu oses dire ça à une jeune femme de vingt-huit ans ? Je me suis toujours protégé de ça. Je ne veux pas perdre de temps avec la vie, et, quand je pense à elle, je me dis qu'elle aurait tellement dû ne pas y faire attention. Ça aurait changé tellement de choses pour elle…

LD : *En tout cas, c'est beau, parce que c'est tout à fait ce que tu dégages, et je pense que ça en aide plus d'un. C'est intéressant de discuter avec toi : on se rend compte qu'il y a nécessairement des failles que je reconnais. Je me permets de te le dire parce que j'ai les mêmes, elles y font écho. Mais tu choisis d'aller au-delà, de ne pas t'arrêter là-dessus ; c'est comme si tu étais investi d'une mission, celle d'utiliser ta force pour que ça dépasse tes failles.*

HB : Complètement. Comme je le dis toujours, je n'ai pas le temps pour la dépression, pas aujourd'hui.

LD : *C'est très beau et c'est merveilleux que la France entière puisse te voir, par exemple dans « Quotidien », qui a une très grande audience. Ça fait du bien !*

HB : C'est gentil, ce n'est pas facile parce que je subis des vagues de violence. Les gens qui regardent « Drag Race » veulent voir l'émission : on ne tombe pas dessus par hasard. Alors qu'avec « Quotidien », je suis à 21 h 20 dans une émission à forte audience. Les gens qui n'ont pas envie de me voir se font un plaisir de le dire. Maintenant ça va, ça m'est égal désormais, mais au début c'était dur.

LD : *Mais tu relèves haut la main le défi que cet exercice représente, parce qu'au-delà d'être hilarant, c'est pertinent. Tu as un sens de l'observation, de l'analyse, tu synthétises le tout, c'est vraiment génial et c'est intelligent, et franchement c'est un nivellement par le haut là où la plupart des grands médias nous nivellent par le bas.*

HB : Ça me fait très plaisir. Merci !

# Irma
## S'ACCEPTER

Auteure-compositrice-interprète d'origine camerounaise, Irma est révélée en 2008 lorsqu'elle poste depuis sa chambre ses premières chansons sur YouTube. Connaissant un succès immédiat, elle est l'une des premières à être propulsées dans la lumière grâce au soutien des internautes *via* le label MyMajorCompany, véritable révolution à cette époque. Elle poursuit depuis sa carrière, fidèle à ce style bien à elle que personne ne peut imiter.

LAURIE DARMON : *Avais-tu une conscience de ton corps quand tu étais enfant ?*

IRMA : Pas du tout. Je n'avais pas du tout conscience de mon corps. Je faisais tout pour me mettre à distance de lui. Je m'habillais avec des vêtements amples et larges, je me refusais à le regarder quand j'allais prendre une douche… Je ne le ressentais pas du tout.

LD : *Était-ce révélateur d'un rapport particulier à ton corps ?*

I : Je le faisais souffrir. Jusqu'à mes quatorze ans, je me grattais jusqu'au sang et je m'arrachais la peau. J'avais des plaques, des traces partout sur les bras et sur les jambes. C'était mon seul rapport à mon corps.

LD : *C'est un rapport très intense.*

I : C'était grave ! Je traduisais et matérialisais sur mon corps toute ma frustration intérieure.

LD : *Ça a commencé dans l'enfance ?*

I : J'ai commencé quand j'avais trois ans. Aujourd'hui, je sais ce que cela traduisait : du stress permanent. Et comme je n'avais pas le droit de l'exprimer, je l'extériorisais en me grattant.

LD : *Tu n'avais donc pas de conscience spécifique de ton corps, si ce n'est une conscience de le mettre à distance. Et, au moment de l'adolescence, quand le corps change et qu'on commence à se regarder les uns les autres, est-ce que tu as développé un rapport différent à ton corps ?*

I : Mon rapport est allé plus loin dans la détestation. Mon corps évoluait, devenait un corps de femme. Ma poitrine poussait, ce que je ne voulais pas. Je trouvais ça horrible, j'avais l'impression d'un carnage. Je pense que ce sont des difficultés et des sentiments partagés par beaucoup de femmes au cours de cette période de transition, mais chez moi, c'était exacerbé parce que j'évoluais dans des milieux masculins ; je faisais du basket, tous mes amis étaient des garçons. Je me rappelle par exemple qu'au début, je portais des brassières très serrées pour qu'on ne voie vraiment rien.

À l'adolescence, ça a été horrible. Je commençais à avoir des odeurs, ce dont je souffrais : j'avais l'impression d'être quelqu'un d'affreux. Et en plus, en tant que femme, on nous fait comprendre qu'on doit sentir bon en permanence.

LD : *C'est très juste.*

I : Ouais, je pense que l'adolescence, c'était un carnage. J'entretenais aussi un rapport douloureux à mon poids. D'une part, je désirais que mon corps reste celui d'une enfant ; d'autre part, j'avais été critiquée parce que l'on jugeait que je mangeais beaucoup. En fait, ma manière de gérer mes émotions, c'était l'alimentation. Tu vois, on finissait les repas – nous n'allions pas à la cantine, on rentrait manger à la maison –, et avant d'aller à l'école, j'allais m'acheter un autre repas avec mon argent de poche. De fait, je me voyais avoir des formes ; j'étais en permanence en lutte avec mon corps.

LD : *Parce que tu étais plus en chair qu'aujourd'hui ?*

I : Oui. J'ai changé après, mais adolescente, j'étais beaucoup plus en chair. Et puis, quand on commence à avoir des formes, ce n'est pas harmonieux, tu prends du gras dans des endroits…

Aussi, je n'acceptais pas mon corps de femme noire. L'image valorisée et que je voyais dans les médias, c'était celle de la femme occidentale. Dans tous les pays d'Afrique francophone, c'est ce corps que l'on valorisait, Kate Moss par exemple. Or, le corps de la femme noire a une musculature particulière ; il a juste des formes. Aujourd'hui, je trouve cela magnifique mais à l'époque, quand je voyais mon propre corps se transformer, je souffrais de me rendre compte que cela ne correspondait pas à ce qu'on nous montre dans les magazines.

LD : *Tu décides alors de moins manger ?*

I : Je n'établis pas encore de rapport, de corrélation avec l'alimentation, le sport… Je me sens juste mal, car les choses n'évoluent pas comme je le désirerais. D'ailleurs, quand j'ai commencé à faire de l'exercice, c'était pour me muscler plus que pour perdre du poids.

LD : *Et est-ce qu'on te fait remarquer que tu te grattes, que tu as des plaques ?*

I : Oui ! Et surtout, j'essaie de le cacher. C'est pour cette raison que j'ai encore le réflexe de porter des manches longues – même quand il fait trop chaud ! Je ne montre pas mes bras. La seule fois où je me suis sentie libre de porter des minishorts, c'est quand j'ai vécu à New York. Je n'y connaissais personne : j'ai vraiment eu l'impression d'être à l'autre bout du monde. De fait, je ne prêtais pas attention au regard des gens. Et ils me le rendaient bien ! Il y a un tout autre rapport à l'autre à New York. Si quelqu'un aime ton style, il te le dit sans arrière-pensée. J'ai eu une espèce de révélation avec mon corps. Je me trouvais sexy, je me trouvais belle. Je n'avais jamais eu ce rapport à mon corps.

LD : *Au moment de l'adolescence, tu commences à avoir des formes et c'est difficile à vivre. Est-ce que tu as fait le rapprochement, le lien avec la cause potentielle, c'est-à-dire le sport, l'alimentation ?*

I : Tout à fait. Notamment parce qu'il y avait toujours des remarques qui fusaient sur mon corps et mon alimentation… Même quand je faisais de la danse ! J'avais souvent des remarques sur mon ventre, etc. Ce sont des phrases qui marquent. Par exemple, tu vois, je rentrais perpétuellement mon ventre jusqu'à mes dix-huit ans.

LD : *Tu n'étais jamais détendue.*

I : Jamais ! Je l'ai compris quand j'ai commencé les cours de chant. J'avais l'impression que je ne pouvais pas vraiment chanter.

C'est après que j'ai pris conscience du rapport entre poids et nourriture : j'ai basculé dans les troubles alimentaires. J'ai commencé par la restriction : je mangeais très peu, puis ça a évolué. J'ai été anorexique, boulimique… J'ai traversé tous les troubles.

LD : *Quel âge avais-tu ?*

I : Environ seize ou dix-sept ans.

LD : *Tu as d'abord cessé de manger ?*

I : Oui.

LD : *Il y a eu un déclic ?*

I : S'il y a eu un déclic, je ne m'en souviens plus. Je sais qu'il y en a forcément eu un. Je sais que je m'en rendais aussi compte. En fait, je ne voyais pas mon corps. Et j'aimais quand mon corps était maigre. Alors, je me rendais bien compte qu'en ne mangeant pas, c'est ce à quoi je parvenais. Et puis, il y a la punition, le rapport à la punition, le fait de s'accomplir dans la punition, dans la privation. Il y a une certaine valorisation, un sentiment d'accomplissement quand on réussit à ne pas manger.

J'étais jeune, je débordais d'énergie, je ne me rendais donc pas compte de l'impact que cela avait sur tout ce que j'entreprenais. Je ne mesurais pas ma lenteur. Et pourtant, j'ai continué à faire mille choses à la fois. Mais si je m'étais nourrie à l'époque, ce n'est pas mille choses que j'aurais faites, mais cent cinquante mille.

LD : *Oui, bien sûr. Je vois très bien. Et puis c'est un peu un besoin de toute-puissance...*

I : Oui. J'étais dans le contrôle. J'avais le contrôle. Par ailleurs, je recevais une éducation académique très militaire, qui passait par la dévalorisation des enfants. J'étais dans un lycée privé catholique que je ne recommanderais à personne. Il faisait partie de ces lycées qui prétendent former des élites. Mais plutôt que d'aider les élèves à utiliser leur potentiel, ils les dévalorisent. Ils te font penser que tu es nulle. Donc j'avais trouvé dans mon corps un moyen de contrôler quelque chose. Puis, comme je me sentais perpétuellement punie dans mon environnement, je le reproduisais en moi.

LD : *Bien sûr. Donc ça commence par le fait de te priver beaucoup. J'imagine que tu maigris...*

I : Je maigris énormément. En plus, j'aimais mon corps maigre. Puis je n'ai plus vu ma maigreur.

Je n'ai jamais maigri au point que l'on devinait que j'avais un problème. Ça a été ma malchance. Personne ne voyait que j'avais un problème, j'avais toujours un corps d'athlète, avec mes formes, donc personne ne voyait que j'étais malade, que j'allais mal.

Puis, j'ai appris à faire semblant ; je faisais très bien semblant. Je m'habillais comme il fallait, je cachais ce qu'il fallait cacher. Personne ne soupçonnait mes troubles alimentaires.

LD : *Et au moment des repas ?*

I : J'évitais de manger avec les autres.

LD : *Tu as perdu tes règles ?*

I : Pas du tout ! En revanche, elles sont devenues très irrégulières. Ça ne s'est amélioré que bien plus tard dans ma vie.

LD : *Quel âge as-tu exactement à ce moment-là ?*

I : J'ai dix-huit ans.

LD : *Que se passe-t-il ensuite ?*

I : De dix-sept à dix-huit ans, je fais de l'anorexie. Puis de dix-huit à dix-neuf ans, c'est plutôt de la boulimie.

Je m'achetais des aliments gras, sucrés, industriels, pas sains. Je pouvais manger un cake par soir ! Je sentais bien que j'étais en train d'agresser mon corps, mais sur le coup je ne le mesurais pas.

LD : *Il fallait que tu te fasses mal, quel que soit l'extrême. Personne ne le voit ?*

I : Je le cache vraiment très bien !

LD : *Tu as envie que quelqu'un t'aide ?*

I : Je ne me rends pas compte de ce que je vis, de ce que je me fais ; je pense que je fonctionne comme ça depuis toujours. Et comme je ne sais pas ce que c'est que d'avoir un rapport sain à la nourriture, je pense juste que c'est ainsi ; je n'appelle pas ça de la boulimie, je n'en ai pas conscience.

Évidemment, aujourd'hui, je comprends que c'était un appel à l'aide ; mais chez moi on ne demandait pas d'aide. Et puis, j'ai ressenti de la honte quand j'ai compris ; et je n'avais pas conscience que j'avais besoin d'aide. Je n'en ai parlé à personne, d'ailleurs je pense même que c'est la première fois que j'en parle. J'ai déjà évoqué le fait que j'avais un rapport compliqué avec la nourriture ; en revanche, je pense que c'est la première fois que je verbalise que c'était vraiment maladif.

LD : *Tu n'as pas écrit là-dessus ?*
I : Jamais.

LD : *Moi, j'ai mis trois ans à prendre conscience de ce que j'avais. Quand ça a été le cas, je ne voulais pas le dire trop fort, je ne voulais pas qu'on m'impose quoi que ce soit. Mais quand on en prend conscience, la musique a soudain une place très particulière. Ça a été le cas pour toi aussi ?*
I : Complètement. En fait, pour moi la musique a toujours tout catalysé, quels que soient les problèmes et les addictions que j'ai vécus. C'était le moment où je ne pensais plus à rien ; j'étais concentrée sur ce que je faisais. C'était le seul moment où je me sentais un peu en paix ! Aujourd'hui, je mesure que même quand je faisais de la musique à cette époque, j'étais tendue ; tout mon être était en tension permanente, et je n'en avais pas conscience. Je n'ai pu me relâcher, me détendre, que quand j'ai pris conscience de tout cela.

LD : *À ce moment-là, tu fais des études ?*
I : Oui. Au paroxysme de ma boulimie, je suis en classe préparatoire écoles de commerce. Tout mon stress et toute mon angoisse se cristallisent sur la nourriture, parce qu'en plus tu es dans une dynamique de compétition. Tu dois fournir une grande quantité de travail, tu as l'impression que quelque chose de très important est en jeu. Et, en plus, tu es coupée de tout.

Je ne me grattais plus à cette époque. En fait, c'est quand je suis arrivée à Paris, éloignée de ma cellule familiale, que j'ai arrêté de me gratter. Mais mon mal-être s'est exprimé avec la nourriture. Et c'était juste un autre moyen, un transfert.

LD : *Tu sais quel métier tu veux exercer après tes études ?*

I : Pas du tout. Et puis, j'ai toujours su que j'allais faire de la musique. Je ne savais pas comment, par quels moyens, mais je le savais. Je ne me suis jamais vue « exercer un métier ».

Et d'ailleurs, quand, petite, on me demandait : « Tu veux faire quoi dans la vie ? », je répondais : « Je veux être présidente de la République. »

Et puis, tu sais, avec les cinq blessures de l'âme, il y a le principe selon lequel, quand tu cites les blessures, celle que tu oublies est celle dont ton cerveau veut te protéger ; c'est généralement celle dont tu souffres le plus.

C'est ainsi que j'ai compris que la blessure dont je souffrais le plus, c'était l'injustice. Avec cette clé de lecture, tout a fait sens par la suite.

Quand je projetais d'être présidente, c'est parce qu'à cette époque je pensais encore que les hommes politiques étaient là pour prendre soin des autres. J'avais cette vision naïve d'enfant qui me faisait penser que le président était là pour prendre soin des autres, soin de ses concitoyens.

Mais au fond je n'ai jamais imaginé faire autre chose que de la musique. J'ai fait des études pour mes parents qui avaient des plans pour leurs enfants. Ils privilégiaient la voie scientifique – deux de mes frères et sœurs ont fait des écoles d'ingénieurs, et ma sœur est docteure en physique-chimie. Moi, j'ai choisi commerce, parce que c'était déjà un moyen de m'écarter de la voie scientifique.

LD : *Ils étaient contents que tu fasses ces études-là ?*
I : Bien sûr. Et surtout, je ne connaissais que ça. Et puis tu sais, quand tu rêves de musique, tu ne te dis pas que tu vas avoir une carrière. Je le faisais aussi pour m'assurer un avenir. Je n'avais pas de métier en tête mais j'y voyais une garantie, une sécurité.

LD : *Mais c'est en tout cas au moment où tu fais des choix pour ton avenir que ton corps commence à réagir assez fortement.*
I : Exactement, exactement.

LD : *Et donc, à ce moment-là, tu ne fais de musique qu'à tes heures perdues ?*
I : Heures perdues que je crée ! Je ne sais pas comment j'ai trouvé le temps de faire de la musique, mais je ne pouvais pas ne pas en faire.

LD : *Quand décides-tu de ne faire que de la musique ?*
I : C'est ce genre de moment où ce n'est pas toi qui décides. Je poste une vidéo sur YouTube pour une amie, parce que je ne peux pas l'envoyer par mail. Et la plateforme vient de naître ! Je pense que c'est quelque chose comme MySpace. Je me cache, je ne montre pas ma tête parce que mon but est juste de lui faire écouter ma musique. Je vois que deux personnes de plus ont vu ma vidéo. Je lis un commentaire, et je me rappellerai cette sensation toute ma vie, moi qui ai

grandi au Cameroun, qui ai vu le monde de l'extérieur et qui pensais que je n'y participerais jamais parce que je ne m'y sentais jamais représentée. Je mesure que quelqu'un à l'autre bout du monde a vu ce que j'ai fait dans ma chambre. Aujourd'hui, on est habitués à tout cela, mais à l'époque, je trouvais vraiment que c'était exceptionnel !

Je me rappelle ce que j'ai éprouvé, cette sensation d'être vue et entendue ; j'ai fait quatre vidéos par semaine. J'apprenais des titres juste pour faire des vidéos. Je faisais des reprises, et ma communauté a commencé à grandir. J'avais cent cinquante abonnés – à l'époque, ce n'était pas rien !

Nous sommes sept à poster des vidéos sur YouTube ; on forme une communauté qu'on appelle « Les YouTubeurs », mais pour rire, sans savoir que ça va devenir un métier. Un jour, je me réveille, et je vois que l'un de mes titres au piano est en première page YouTube, dans vingt-cinq pays ! Et là, alors même que je suis en prépa, je reçois des messages de producteurs – même de la « Star Academy » !

LD : *Comment ont-ils choisi de te mettre en avant ?*

I : En fait, YouTube avait encore des *curators* qui allaient voir les profils. Quand je regarde cette vidéo aujourd'hui, je ne comprends pas pourquoi ils l'ont choisie ! J'étais au piano, je jouais une de mes chansons, mal chantée ! Rien n'avait de sens. C'est là que je me dis que, parfois, ce n'est pas toi qui décides : c'est comme ça.

Ils faisaient des *features* sur YouTube à cette époque. Et ils m'avaient mise en première page ! Habituellement, ils sélectionnaient un type de contenu différent, plutôt en lien avec l'actualité pour les premières pages.

Pas cette fois. J'étais en premier, j'avais une miniature. J'étais en premier dans vingt-cinq pays ; c'était absolument incroyable.

J'ai reçu de nombreux messages, dont un de MyMajorCompany. J'avais alors des *a priori* sur les labels, j'avais l'image des producteurs véreux. Quand je découvre MyMajor, le concept me plaît : c'est un petit groupe ; et comme je suis en école de commerce, je suis d'autant plus en mesure d'apprécier leur structure et leur esprit entrepreneurial !

Je décide de les rencontrer, et tout se passe bien.

LD : *C'est dingue. Tu es alors à la fin de ta prépa ?*

I : Oui ! Je finis les cours et je passe les concours pour les écoles. Je me souviendrai toujours de ce qu'il s'est passé : le jour où j'apprends que je suis admise à l'ESCP – l'école que je visais parce qu'elle faisait partie des meilleures et qu'elle était à Paris – est aussi le jour où Michael me propose de signer avec eux.

C'est à cet instant que la deuxième partie de ma vie commence.

LD : *Tu ne commences donc jamais l'école ?*

I : Si, je commence l'école en même temps ! Tout arrive au même moment. Je signe, puis une boîte de tournées me voit jouer à la Bellevilloise. En plus, j'y jouais pour une amie qui disposait d'un set de deux heures pour la fête de la Musique et qui m'a proposé de jouer une heure !

Un tournage a lieu, un membre d'une boîte de tournées est présent. Il fait partie d'Auguri, l'une des plus grosses sociétés de tournées à l'époque.

Je m'en souviens comme si c'était hier ; Karim – bookeur chez Auguri à l'époque – me voit jouer ; il appelle MyMajor et dit qu'il me signe. Je commence donc l'école avec mon contrat de tournée et mon label. Je rentre en école, je ne soupçonne pas que ma carrière ira là où elle ira. De fait, je continue l'école, mais je commence à faire les premières parties de Diam's, de Matthieu Chedid… J'aménage mon emploi du temps : je suis en cours deux jours par semaine et, le reste du temps, je suis en tournée.

LD : *Tu arrives à gérer ça ?*

I : Oui ; et c'est là que je me dis que, quand même, quand on a vingt ans, on a une énergie démesurée, décuplée.

LD : *Que tu n'as qu'à vingt ans ?*

I : En réalité, tu peux retrouver cette énergie plus tard ! On pâtit tous d'une certaine croyance selon laquelle, en vieillissant, on perd son énergie.

Or, tu vois, aujourd'hui, je fais vraiment le travail de me libérer de ce qui me pèse, et je sens que je récupère une énergie. En réalité, l'énergie que l'on perd, c'est tout le poids que l'on se force à porter.

Ce qui est certain, c'est qu'à cette époque, je ne prends pas le temps de mesurer, de prendre conscience de tout ce qu'il m'arrive : je fonce sans me poser de questions ! De plus, l'énergie s'autoalimente ; à cette époque, je ne dormais plus ! Je me souviens par exemple de n'avoir pas dormi la veille du tournage d'un clip, mais aujourd'hui ce ne serait pas possible. Il faudrait que je mette quatre couches d'anticerne !

LD : *Tu devais être extrêmement portée par tout ça.*

I : Exactement ! C'est ce que je dis à ma sœur : c'est comme si une main me poussait et me disait d'avancer ; je ne regardais pas en arrière, je ne regardais pas ce qu'il se passait ou ce qu'il s'était passé : je faisais.

LD : *Et à ce moment-là, où en es-tu ? Quel âge as-tu ?*

I : J'ai vingt ans.

LD : *Comment te situes-tu par rapport à ton corps ?*

I : Je l'oublie un peu durant cette période. Je souffre toujours de dysmorphophobie : je ne me vois pas telle que je suis. Je me suis toujours perçue comme grosse, alors qu'à cette époque, ce n'est vraiment pas le cas !

D'ailleurs, quand je vois des photos, je me demande comment j'ai pu me trouver grosse. Toutefois, même si je souffre de dysmorphophobie, je l'oublie un peu ; je suis un peu moins obsédée par la nourriture, mon rapport à l'alimentation s'apaise. Je me rends compte que je m'alimente comme il faut pour pouvoir mener à bien tout ce que je dois faire, pour pouvoir faire mon travail.

LD : *Ça reprend sa place naturelle.*

I : Exactement, ça reprend une place naturelle. Comme je dois faire des concerts, j'ai besoin d'énergie donc je mange. Le rapport à la nourriture bascule un peu à l'arrière-plan.

LD : *De fait, tout l'aspect où tu dois te faire du mal passe à l'arrière-plan.*

I : Exactement. En fait, à ce moment-là, je me sens tout simplement bien. Mon cerveau n'a pas l'énergie pour se faire du mal, pour s'autodétruire.

LD : *Il n'a pas de raison de le faire !*

I : Voilà, je me sens à ma place. C'est étonnant, d'ailleurs : j'ai toujours dit que j'avais le syndrome de l'imposteur, mais, à cet instant précis, je me sens pleinement à ma place.

LD : *De fait, tu prends la place qui te revient.*

I : Oui. Toutes ces angoisses autour du devoir, autour de l'alimentation, s'arrêtent du jour au lendemain. Je n'y pense même plus.

LD : *Je comprends très bien ; et c'est l'idée que j'essaie de transmettre, de véhiculer avec cet événement : un rapport sain – du moins serein, paisible – à son corps va de pair avec une acceptation profonde de soi. Donc, à ce moment-là, tu t'acceptes, tu acceptes tes désirs profonds.*

I : Exactement. Et puis, je commence à rencontrer des gens, tu vois. Je suis aidée par ma perception du désir dans le regard de l'autre. Même si on affirme que l'acceptation vient de l'intérieur, j'avais besoin de sentir une validation par un regard extérieur. L'acceptation intérieure vient avec le temps.

Quand tu as vingt ans, tu as besoin que l'on te dise que tu es belle, que tu es désirable.

Je commence à avoir des relations ; ressentir le désir de l'autre m'aide énormément à accepter mon corps. Je le vois comme désirable et désiré.

LD : *Donc tu es plus à l'aise pour le montrer, le découvrir...*

I : Exactement ! Ce processus a également lieu sur scène ; je ressens une envie de prendre plus de place. Au début, je me contente d'être debout, avec ma guitare et mon bonnet ; au fur et à mesure des rencontres, je mesure que j'ai aussi envie de danser, de poser ma guitare.

Je désire découvrir mon corps – qui m'est en fait inconnu. Je n'ai pas fait connaissance avec mon corps. Ça passe certes beaucoup par l'autre, mais c'est aussi ce qui rend cette évolution incroyable !

LD : *Oui. Je suis tellement d'accord avec ça ! En fait, ça passe beaucoup par l'autre, c'est assez sacré et malheureusement, on rend ce cheminement, ce processus, honteux.*

I : Frivole. Alors qu'il devrait avoir toute sa place. Aujourd'hui, je mesure et comprends que mon corps constitue ma seule puissance en ce qu'il n'est autre que l'endroit de mon pouvoir, l'endroit où j'habite.

Donc, je m'interroge. Comment a-t-on pu considérer si dégoûtant un acte aussi central et révélateur de ce que nous sommes fondamentalement ? Il y a quelque chose de délibéré : on a poussé les femmes à se déconnecter de leur corps. Précisément parce que l'on avait une conscience aiguë du fait que la puissance venait de leur corps.

LD : *C'est clair. Prends-tu conscience pendant cette période du fait que tu es exposée, qu'on te regarde et que, potentiellement, on te juge ?*

I : Exactement. En fait, je vais en prendre conscience, et ça va stopper ce processus de guérison. Je me rends compte qu'on me juge. Au début, je n'en souffrais pas trop : les autres me voyaient comme une musicienne, je n'avais pas spécialement une réputation de femme belle à entretenir. D'ailleurs, je me considérais comme ni belle ni laide, je n'associais pas ces qualificatifs à moi.

Je me souviens d'un épisode qui m'a marquée. Je passe à la télévision, puis je fais l'erreur d'aller lire les commentaires sur Twitter. Je lis des remarques incendiaires telles que : « Elle ressemble à un mec, elle n'est pas maquillée. » Ça a suffi à me faire rentrer dans ma coquille… Aujourd'hui, j'en ris ; mais, sur le coup, cela ne m'a pas fait rire du tout !

Je me rends aux États-Unis car j'ai signé là-bas. Je vis une sorte de rêve américain. En studio, on me dit qu'on va me trouver un parrain – un artiste qui apprécie ma musique et qui sera ma caution dans le milieu musical. Ce sera le rappeur Nas.

Nas arrive en studio et il me propose de l'accompagner le soir même à la remise d'un prix afro hip-hop ; il m'explique que c'est bien que nous soyons vus ensemble. On se rend à cette soirée de remise de prix ; je n'en reviens pas, il y a un tapis rouge, je suis parachutée dans un univers que je découvre !

Le lendemain, alors que je suis simplement dans l'ascenseur de mon hôtel à New York – et que je ne suis rien, personne ne sait qui je suis –, deux femmes me demandent si je suis la petite amie de Nas.

Je réponds que non !

L'attachée de presse nous informe, mon manager et moi, qu'un blog propose un article intitulé « Nas et sa nouvelle petite copine ». Sauf que les commentaires sont odieux ; je lis : « Mais elle est dégueulasse ! » Et ces commentaires viennent de la communauté afro, donc je souffre d'autant plus de savoir que cela vient de « mon camp ».

J'ai pleuré pendant plus de deux jours. En réalité, j'ai compris qu'il s'agissait d'autres standards en termes d'apprêt, d'apparence. Pour eux, il faut constamment être apprêté comme si on se rendait à un mariage ! Or, moi, j'arrivais avec ma dégaine de Parisienne ; je ne me maquillais pas, j'avais mon bonnet… Dans les commentaires, on me disait que je ressemblais à une SDF ; les gens ne comprenaient pas ce qu'il faisait avec moi. Il y avait des pages et des pages d'insultes, avec seulement, à de rares moments, quelqu'un qui me défendait en écrivant : « Vous êtes des rageux, elle a juste l'air d'avoir un peu de substance. »

Mais, évidemment, je n'ai retenu que les commentaires violents. Jusque-là, on ne m'avait jamais parlé de mon physique ni attaquée sur le sujet. Je le faisais déjà assez moi-même. Et là, j'ai l'impression que tout ce que je déteste en moi, tout le monde le voit.

J'ai pleuré pendant deux jours, donc. Je savais que cela avait touché quelque chose de profond en moi. Je me suis renfermée, et j'ai laissé ces commentaires influencer ma vision de moi-même. Je suis devenue hystérique et contrôlante sur le maquillage ; il fallait systématiquement que je sache qui allait me maquiller, et avec quoi. Je contrôlais mon apparence, mes vêtements…

Ça m'a brisée.

LD : *C'est extrêmement violent. Et puis toi, au départ, tu veux juste faire de la musique.*

I : Oui, je ne faisais pas ça pour cela ! Mais c'est là que j'ai compris qu'il fallait que je prenne aussi en compte le physique. À l'époque, mon manager n'était pas sensible à ça donc il ne comprenait pas que cela me touche autant, alors même que ça m'avait détruite.

LD : *Je comprends tellement. On nous recommande de ne pas lire les commentaires, mais s'ils font le buzz ou qu'il y a un article à ce sujet, cela en vient nécessairement à façonner, à déterminer la façon dont on va te regarder.*

I : Oui, voilà, évidemment. Et puis, ça détermine le regard que l'on pose sur soi-même. On a beau dire ce qu'on veut, on est trop jeunes pour pouvoir s'affranchir parfaitement des standards de beauté. On souffre juste de la méchanceté des gens.

LD : *Exact. Combien de temps ce contrôle exacerbé de ton apparence va-t-il durer ?*

I : Je ne reste pas ainsi très longtemps, ce n'est pas dans ma nature. Ça dure environ un an et c'est surtout pendant la période de promotion de mon projet ; je sais que j'ai été insupportable au cours de cette promotion. Cet événement a structuré mon rapport à ma propre image et à ce que je voulais renvoyer aux autres ; avant, je ne pensais pas à cela.

LD : *Est-ce que ça modifie la spontanéité que tu peux avoir sur scène ?*

I : Tout à fait ! Ça a détruit le peu de confiance que j'avais en moi. Et en plus, comme j'ai toujours été quelqu'un de très simple, je n'ai jamais mis en scène ma personne, je ne venais pas avec des costumes élaborés, je me suis toujours habillée avec simplicité.

De fait, on me renvoyait l'idée que je n'étais pas assez apprêtée. Comme si je ne faisais pas assez d'efforts…

Après cet épisode, j'ai commencé à penser que tout le monde était persuadé que je ne faisais pas assez d'efforts et que cela allait me porter préjudice. Sur scène, j'ai donc voulu tout scénariser. Un changement s'est opéré dans mon rapport à mon art.

LD : *Est-ce que tu en es venue à te demander si tu voulais continuer à faire ce métier ?*

I : Oui, complètement. Je ne voulais pas exercer une activité dans laquelle ça entrait en compte. Et puis, ça a beaucoup joué intellectuellement dans les choix que j'ai pu faire ; j'ai refusé des propositions quand je savais que je n'allais pas pouvoir gérer. Aujourd'hui, je te dirais que ça m'est égal. Mais à cette époque, je me suis tiré des balles dans le pied !

LD : *À quel moment ton rapport à ton corps redevient plus sain, ou en tout cas plus serein ?*

I : Après cette période, je suis restée à New York. Parce que j'ai adoré cette ville, ses habitants, parce que j'étais loin de tout ce que je connaissais. J'étais seule ; c'est comme si je pouvais enfin exister, et ne pas être ce que les gens que je connaissais attendaient de moi. Et puis, en France, j'avais une petite notoriété qui ne me permettait pas de passer inaperçue et c'était pesant. Certes, les gens étaient adorables, mais il y a des moments où c'est difficile. À New York, rien de tout cela n'existait. Je crois que j'y ai vécu les deux années de ma vie durant lesquelles j'ai été le plus en paix avec tout ce que j'étais, tout ce que j'ai jamais été.

C'est durant cette période que j'ai pris conscience du pouvoir de mon corps. Je prenais soin de ce que je mangeais, je faisais du sport, j'étais ancrée. Je ne saurais pas comment l'expliquer : je me sentais puissante, sereine, alors même que je vivais seule dans un studio ! Je me sentais si bien dans mon corps. C'est là que j'ai compris que c'était la base, le centre de tout, que ça partait de l'intérieur avant d'aller vers l'extérieur. Ces deux années ont été magiques.

Puis je suis rentrée à Paris.

LD : *Comment vis-tu ton retour à Paris à ce moment-là ?*

I : Je sens à l'intérieur que tous mes blocages reviennent ; je réinstaure des habitudes qui amenuisent voire bloquent mon énergie. Je sens que mes vieux démons liés à l'alimentation reviennent quand je recommence à ne plus manger de la journée.

LD : *Est-ce que c'est corrélé au fait que tu entames une nouvelle période d'exposition avec la musique ?*

I : Tout à fait ! Je repars en tournée ; ce qui est horrible, c'est que j'ai associé mon métier, ma passion, à quelque chose de traumatisant. Avant, c'était ce qui me faisait tenir, ma bulle d'oxygène ; c'est désormais quelque chose qui m'angoisse. Je bascule encore une fois dans la volonté de contrôle de mon apparence, de mon poids, de mon alimentation… C'est de nouveau un enfer.

LD : *Ton équipe s'en rend compte ?*

I : Absolument pas. Je ne laisse rien transparaître. J'ai toujours l'air d'aller bien et puis je ne montre rien. Ce n'est pas leur faute !

LD : *Donc la spirale recommence de manière assez intense.*

I : Je ne mange presque plus ; du moins, je ne mange pas de la journée, et très peu le soir : c'est tout. Je perds du poids, alors même que j'étais déjà mince. Mais j'ai un déclic : je me vois en photo et je vois ce que je ne saisissais pas jusque-là, que je suis creusée, mes bras sont squelettiques et musclés parce que je continue de faire du sport. Ce que je vois m'effraie. C'est un véritable déclic, je veux que les choses changent.

LD : *Comment fais-tu ?*

I : Je m'oblige à manger des repas réguliers, que je cuisine, et à savourer ce que je mange. J'avance petit à petit ; c'est un principe que j'applique pour tout. Pendant un mois, je consolide une première habitude, le mois suivant, une nouvelle habitude… C'est une méthode qui a régulièrement fonctionné.

LD : *Tu arrives à le faire sans culpabiliser, te dire que tu manges, que tu vas prendre du poids… ?*

I : Je l'accepte, oui. Je pense que c'est parce que ce que j'ai vu de moi sur la photo m'a profondément effrayée, déplu. Ça m'a rappelé que j'avais pu être bien.

LD : *Tu ne parles de ces problèmes de poids à personne ?*

I : Personne. C'est ce qui est fou : quand je t'en parle, je mesure que je me suis « parentée » en quelque sorte ; à chaque fois, j'ai repoussé les limites de mon corps, mais je l'ai quand même écouté quand il me disait que c'était trop. Je n'ai jamais consulté de médecin !

LD : *Ni de psychologue, ni personne... C'est tellement fort de s'en sortir seule !*

I : En t'en parlant, je me rends compte que oui, ça l'était ! En revanche, je sais que cette tendance en moi peut se déporter sur d'autres objets, d'autres sujets ; il n'y a que peu de moments dans ma vie où tout a été équilibré.

LD : *Évidemment. On parle là spécifiquement du corps, mais, souvent, je fais le lien avec d'autres sujets, je pose des questions sur ton rapport à la musique à ce moment-là, ou encore, je demande où tu en es sur le plan relationnel, car bien souvent les façons de s'attacher des personnes qui souffrent de troubles du comportement alimentaire peuvent être très similaires au rapport qu'elles entretiennent avec la nourriture, et on remarque presque toujours une dynamique fusionnelle assez ancrée.*

I : De fusion, d'exclusivité... C'est quelque chose que j'ai dû travailler par ailleurs parce que tout est lié ! Ce n'est rien d'autre qu'un vide que l'on cherche à combler par l'extérieur : la nourriture, les personnes...

LD : *Tu commences donc à t'autosoigner, et tu arrives à faire ta tournée ?*

I : Disons qu'au moment de la tournée, je suis encore dans cette dynamique. Je me confronte vraiment à ce problème après ma tournée, qui m'a emmenée beaucoup plus loin que la première ; je m'installe à Lyon. Il m'a toujours été nécessaire de revenir en moi après ces moments-là.

Je m'installe à Lyon et je m'enferme avec mes instruments. Je suis seule. Je prends de nouveau soin de moi. Je me cuisine mes repas.

LD : *On ne prend pas assez conscience de l'impact qu'une image publique peut avoir sur notre rapport intime à nous-mêmes...*

I : C'est pour ça que, quand on me dit qu'une personne est une diva, je n'y crois plus une seule seconde. Quand on voit la violence avec laquelle notre image peut être renvoyée, je comprends pourquoi des gens ont une équipe pour cela ! On en pâtit.

Je me suis trouvée belle pour la première fois au bout de dix ans de carrière, quand je suis retournée au Cameroun ; j'ai été prise en photo par un photographe camerounais. C'est la première fois que je travaillais avec une équipe camerounaise. Je ne connaissais pas le photographe ; nous avons discuté et il m'a dit qu'il se consacrait à dévoiler la beauté de la femme noire, à la révéler. Cette révélation passe tellement par le regard que la personne porte sur notre corps !

LD : *Moi, tu vois, j'adore faire des photos avec des gens qui ne sont peut-être pas photographes mais qui appartiennent à mon entourage proche.*

I : Parce qu'ils t'aiment.

LD : *Oui, et ils me connaissent. Ils captent un truc de moi qui n'appartient qu'à moi. Et le regard qu'ils posent sur moi – parfois celui du désir d'ailleurs – décuple ma confiance en moi.*

I : Oui, ils parviennent à capter ce qu'ils aiment chez toi, ce pour quoi ils t'aiment – même si bien sûr, cela ne peut être réduit à cette raison. C'est quelque chose que j'ai mis du temps à comprendre ; se faire prendre en photo ou se faire filmer par des gens qui t'aiment, ça change tout ! Et donc cette fois-là, avec ce photographe qui avait à cœur de mettre en valeur les femmes noires, je me suis trouvée belle.

LD : *Je pose rarement la question de l'altérité puisque c'est quelque chose que je vis aussi dans la mesure où je suis blanche de peau mais très typée, mais en effet, ça a son importance !*

I : C'est pour cela que j'ai voulu le mentionner : tant de personnes vont se reconnaître là-dedans !

On passe par deux filtres : le *male gaze*, et, quand tu n'es pas de type occidental, tu passes aussi par le *gaze* de l'altérité. Tu es l'autre. La personne te voit et te représente à travers son prisme.

LD : *En effet, et quand la personne qui te prend en photo ne sait pas mettre en valeur cette altérité et a plutôt à cœur de la « lisser », cela ressort mal. Alors que ces mêmes aspects, mis en valeur, deviennent tellement beaux. Donc cette séance photo change beaucoup de choses pour toi…*

I : Oui. J'avais passé ma vie à ne pas me trouver belle, alors, à partir de ce jour, j'ai décidé que mon cerveau affreux qui préfère rester dans le passé allait désormais choisir de me trouver belle.

Je me suis dit que je n'avais jamais « pas été belle ». Au pire, je m'enlaidissais, parce qu'il fallait que je corresponde à la vision que j'avais de moi ! J'ai refusé de passer encore trente ans ainsi. J'ai décidé de rééduquer mon cerveau, de voir les aspects de moi que j'aime, et de redéfinir ce que je considère comme beau. Au Cameroun, j'étais dans une école française ; il y avait des enfants blancs. Et j'ai été très marquée, petite, par le fait de constater que les garçons, noirs ou blancs, sortaient avec des filles blanches. En tant que Noire, je n'étais jamais choisie ! En réalité, je n'ai jamais « pas été belle » : c'était une construction. J'avais passé ma vie à croire en quelque chose qui se fondait sur une structure faussée.

LD : *C'est merveilleux. En prendre conscience, se déconstruire, c'est déjà quelque chose de très important, mais on restera, je pense, une génération sacrifiée car structurée dès le plus jeune âge. C'est difficile de s'en affranchir complètement, ça reste en nous, je crois. Mais je nourris l'espoir que les prochaines générations seront préservées...*

I : Tout cela reste un poids inutile. Une ancre inutile. On ne devrait même pas avoir à penser à ça.

LD : *Même en apprenant à se regarder différemment... Et le poids, c'est étrange. Tu as la sensation que tu débordes dans ta silhouette et c'est bien ce qui est étrange. Cela signifie que dans ton monde des idées, tu as une idée de ta silhouette qui s'est ancrée et dont le contour est clairement défini. Mais cette idée ne se forme pas toute seule, c'est l'environnement qui la définit. Car en réalité, rien ne déborde jamais d'un corps.*

I : Oui. Maintenant, je me pose la question différemment : je me demande si je me sens bien, si j'ai de l'énergie, si je ne suis pas trop fatiguée...

Et mon regard a changé ! Tout ce que je n'aimais pas, j'apprends à l'apprécier ! Maintenant, cela fait deux ans que j'apprécie mes formes, que je les trouve sexy. Il y a toujours des choses que je n'aime pas, mais c'est un réflexe chez moi. Néanmoins, maintenant, je sais voir mon corps nu, alors qu'avant, je me cachais. Je reste nue chez moi, alors qu'avant, je ne le pouvais pas. C'est fou comme nous sommes imprégnés par la honte de notre corps : même seule chez soi, on n'ose pas se voir.

LD : *Et puis ça vient plus tard mais il y a aussi le toucher qui reprend ses droits. Je vois des formes naître dans mon corps, et j'ai envie de les palper, alors même que je n'aurais jamais pu les accueillir avant.*
I : Oui, tu les trouves harmonieuses, c'est la vie !

LD : *Tellement ! Aujourd'hui, tu te sens mieux ?*
I : Oui, je suis plus apaisée ! Il y a encore parfois des trucs qui me perturbent avec l'alimentation : il se passe quelque chose et, subitement, j'arrête de manger. Quand je suis stressée, je mange moins, cela fait partie des mécanismes bien ancrés en moi. En revanche, je sais que je ne me fais plus de mal.

LD : *Et ça n'a plus d'incidence sur ta musique, sur ta décision de savoir si tu vas t'exposer ?*
I : Pas du tout. Tu vois, pour ce qui est de l'exposition, maintenant l'image que je vais renvoyer m'importe peu, même si, évidemment, ça reste pénible de se prendre des critiques. Mais j'ai compris que la critique n'engage que celui qui la formule : tu ne peux voir les gens que comme tu es toi-même à l'intérieur. Les jugements se fondent sur des projections.

LD : *Tu ne les prends plus comme une vérité générale.*
I : Exactement : ça n'affecte plus ni mes activités, ni mes décisions. C'est génial de ressentir ça. Ça part de l'intérieur.

LD : *Ma dernière question concerne ton rapport aux réseaux sociaux. Comment gères-tu cela ?*

I : C'est assez drôle : moi qui ai commencé par YouTube, qui ai fait partie de la première « fournée » de YouTube, j'ai traversé une période de rejet des réseaux. Si certaines personnes réussissent à se montrer telles qu'elles sont, sans jouer le jeu des fausses images qui nécessitent une préparation pour se montrer uniquement sous son meilleur jour, moi, je ne parvenais pas à avoir ce détachement. J'ai dû faire attention en permanence à partir du moment où je me suis souciée excessivement de l'image que je renvoyais, de ce que je laissais transparaître de moi. Il était alors hors de question de prendre spontanément des photos de moi : il m'était nécessaire de me préparer, de trouver le bon angle.

Aujourd'hui, pour me libérer de tout ça, je ne le fais que quand j'en ai envie, quand je le sens. Sinon, je ne m'oblige pas à le faire : je sais que ça va me faire plus de mal qu'autre chose. Ou alors je laisse des gens dont je sais que le regard est bienveillant le faire. Et sinon, je n'ai aucun mal à me retirer. Je ne me montre pas quand je n'ai rien à dire ; je me concentre sur ma musique. Je sais toutefois que cela me porte tort ! Parce que la seule règle sur les réseaux, c'est la régularité. Et ça, c'est quelque chose qui me manque, parce que je me refuse à parler pour parler ou être là pour être là.

LD : *Oui, et ça, avant, ça n'existait pas ! Tu veux juste faire de la musique…*

I : Et tu as l'impression que tu dois être en représentation de toi-même toute la journée ! Moi, je sais que je vais pouvoir faire ma musique sans faire cela. En tout cas, je n'ai pas envie de faire ça.

LD : *Et tu trouveras le moyen de faire sans...*

I : Exactement. Je trouverai le moyen d'échapper à ça. Si ça implique que moins de personnes assistent à mes concerts, ça m'est égal. Je me préserve.

Par moments, euphorique, j'ai envie de partager plein de choses ; je le fais. En plus, j'adore montrer plein de trucs, j'adore l'image, filmer les choses. Et je disparais derrière la caméra ! En fait, poster régulièrement, d'accord : je peux proposer des courts-métrages de ma vie, chez la boulangère par exemple. Toutefois, m'exposer moi toutes les deux secondes, je m'y refuse, même si c'est ce qu'il faut pour vendre de la musique. Si c'est le cas, ça se fera sans moi.

LD : *Tu as raison d'aller au bout, d'assumer ça. Alors que certains, plus jeunes, se sentent obligés de passer par là, et le font de manière contrariée...*

I : Et c'est de l'énergie que tu ne consacres pas à ta création. J'ai un pote qui joue de la musique depuis longtemps. Il a eu beaucoup de succès, et il m'a avoué qu'il était triste d'avoir dû transformer sa musique pour TikTok. Donc oui, ça cartonne sur TikTok, mais après ? Est-ce que tu fais ta musique ? Parfois, je me demande si je ne suis pas un peu vieille école.

Après, faire du contenu, quand j'ai un projet créatif, du matériel, des idées de posts, des stratégies… j'adore ça, je trouve que c'est génial ! Cependant, quand on m'explique qu'il faut que je fasse quatre vidéos par jour sur lesquelles je fais une reprise, c'est non ! Je n'ai pas l'énergie pour ça.

LD : *Merci pour cet entretien si riche, précieux et passionnant !*

# Charles de Vilmorin
## L'ART DU CORPS

Charles de Vilmorin est un créateur de mode, styliste et artiste français. À seulement vingt-sept ans, il a déjà créé sa propre marque de haute couture, Charles de Vilmorin, et a été directeur artistique de la célèbre enseigne Rochas. Adoubé par ses pairs, il propose une vision et un univers d'une singularité et d'une originalité qui promettent de fasciner longtemps.

LAURIE DARMON : *Est-ce que, petit, tu avais déjà une conscience de ton corps ?*

CHARLES DE VILMORIN : Pas tellement. Ça n'a jamais été un sujet. J'étais beaucoup plus concentré sur mon intériorité que sur mon extériorité. Déjà, j'avais un monde intérieur qui était extrêmement riche ; je cultivais cette richesse, j'entretenais ce monde intérieur.

Je ne cherchais pas spécialement à avoir des amis ; j'en avais, pas énormément mais j'étais entouré ; malgré tout, j'étais beaucoup dans mon monde à moi.

Même l'adolescence, avec la puberté, n'a pas constitué un chamboulement. Cela s'est déroulé naturellement, sans que je me pose trop de questions. Je laissais les choses se faire, je les acceptais.

Mon corps – et c'est encore le cas aujourd'hui – n'était pas une source d'obsession. Je l'ai laissé et le laisse encore aujourd'hui évoluer et grandir.

Après, un élément important est à prendre en compte : j'ai eu la chance d'avoir naturellement le corps que j'aurais aimé avoir (grand, mince…). Je correspondais à mes critères.

LD : *À l'adolescence, est-ce que les choses ont évolué, est-ce que des complexes sont nés ?*

CV : Non. Franchement… Enfin, quoique, j'avais effectivement un complexe : ma mâchoire, mes dents, qui étaient très en avant – c'est une caractéristique physique familiale ! J'ai été opéré au lycée, en terminale, opération qui a permis de corriger ce trait.

Ça m'a permis de me sentir beaucoup mieux, de prendre davantage confiance, là où, avant, ce n'était pas un sujet. Avant, j'avais confiance en moi, mais pas physiquement : le corps n'était pas un sujet. Après cette opération, j'ai pris confiance en moi physiquement.

En plus, je n'ai pas souffert d'une période d'adolescence horrible, avec trop d'acné, par exemple. Et j'ai eu la chance aussi d'être très bien entouré, d'avoir des amis.

Je pense que j'arrive à sentir les gens, si ce sont de bonnes personnes. Mes amis proches ont toujours été super, très bienveillants. J'étais plus tourné vers les autres, vers ce que je faisais, vers mes dessins, vers mes potes, vers mes soirées, vers les photos que vers mon reflet dans le miroir…

Tu vois, dans mon premier appart à Paris, pendant deux ou trois ans, je n'avais même pas de miroir. Et ça ne me manquait pas.

LD : *Je vois. Dans ce cas, d'où vient le fait que tu fasses des dessins montrant des corps qui sont particuliers ? Qu'est-ce que cela traduit ?*

CV : J'exprime ainsi une fascination pour les corps. Après, à travers ce que je dessine et les croquis de vêtements que je crée, j'aime modifier le corps. J'aime le corps quand il est un peu inhumain. C'est en cela que réside la beauté selon moi. Un corps humain, comme le mien, il est humain : il m'intéresse peu en tant que tel. En revanche, j'adore le modifier à travers des dessins, des photos, des trucs, des vêtements, des volumes…

Je trouve le corps des autres sublime ; toutes les formes de corps m'inspirent. Mais c'est vrai que j'ai la chance que mon propre corps corresponde à mes dessins ; il me permet d'incarner ce que je conçois. Je sais que j'incarne une grande partie de mon travail dans ma personne. C'est assez inconscient : même si j'en joue, ça s'est fait très naturellement.

LD : *Mais tes dessins, ils racontent quand même une forme de différence. Cette différence, est-ce que c'est quelque chose qui a trait à l'acceptation de toi, dans tes différences vis-à-vis de ce qu'on appelle la « norme », est-ce que c'est quelque chose dont tu as pris conscience à un moment donné dans ton adolescence ?*

CV : Dans quel sens ?

LD : *Est-ce qu'il y a eu un moment où tu t'es senti différent des autres, ou de ta famille, ou de ce qu'on projetait sur toi ?*

CV : Ah oui, mille fois ! Mais j'adore. Je nourris ça.

LD : *Et c'est quelque chose que tu as réussi à accepter dès ton adolescence ?*

CV : Cela n'a pas toujours été facile – ça a parfois même été très compliqué. Je me suis toujours senti différent du fait du monde intérieur riche et vaste que je m'étais créé.

Pour autant, je ne me suis jamais vraiment senti à côté de la plaque. J'étais différent, mais j'avais tendance à cultiver cette différence parce que je suis intimement convaincu que c'est en notre différence, en notre singularité, que réside notre force.

LD : *Tu as toujours ressenti cette force ?*

CV : Comme tout le monde, j'ai eu des périodes plus compliquées, parce que je ne me sentais pas à ma place. Mais c'est vrai qu'en même temps, cela m'était tellement égal…

Ce n'était pas une souffrance. Au contraire.

Après, je te parle de l'école, mais côté famille, ça a changé avec le temps. Je crois d'ailleurs que pour moi, la famille, c'est pareil : c'est une force d'y être différent. Alors je cultive mes différences même si nous échangeons et discutons peu. Mais je ne veux surtout pas entrer dans la norme, tu vois. Pour moi, ce n'est pas synonyme de sécurité et de sérénité. Au contraire. Bien au contraire.

LD : *C'est très juste, tellement juste.*

CV : Après, mon discours a changé depuis quelques mois. Il y a évidemment eu des phases où assumer certaines choses était difficile, vis-à-vis de ma famille notamment. J'ai eu des périodes où je ne me sentais vraiment pas bien, je me posais beaucoup de questions ;

mais aujourd'hui, j'ai grandi, j'ai appris. Même si les choses n'ont pas tellement évolué au sein de ma famille, moi, j'ai changé, et désormais, ça m'est égal.

LD : *Et au contraire, tu milites activement pour que l'on s'assume comme on est.*

CV : Tout à fait !

LD : *Exercer un métier où tu habilles un corps, où l'on forge un regard sur l'autre, et sur toi, est-ce quelque chose qui répond à cette importance de la différence pour toi, ou plutôt quelque chose dont tu t'es senti privé ?*

CV : Mon travail m'a toujours permis de donner vie à des créatures et m'a rendu apte à aider les autres à se sentir bien. Et ça, c'est ma priorité, c'est pour ça que j'exerce ce métier. En fait, selon moi, le cœur de mon métier est de donner de la force aux gens. De faire en sorte qu'ils se sentent bien, confiants, et que le regard des autres leur importe peu. Mon objectif, c'est que quand ils portent mes créations, ils s'incarnent et s'affranchissent du jugement extérieur.

LD : *Qu'ils s'affranchissent des codes.*

CV : Complètement.

LD : *Tu as tout de suite désiré faire ce métier-là ?*

CV : Pas vraiment. Je voulais être metteur en scène de théâtre. Je voulais créer des personnages, des histoires. Mon grand-père avait construit un petit théâtre dans sa grange. Tout au long de l'année, je réfléchissais au spectacle que j'allais mettre en place pendant l'été suivant. Je pensais aux musiques, aux lumières, aux personnages, aux décors… Je récupérais des affiches au cinéma – ces grandes affiches qu'on jette au bout d'un moment – dans la poubelle. Je les retournais pour obtenir une grande page blanche et j'y dessinais des décors. Je les plaçais ensuite sur des portants à roulettes et je changeais les décors ! J'adorais faire ça.

Je concevais aussi les costumes, ce qui est très lié à ce que je fais aujourd'hui.

La mode m'est venue plus tard, mais j'avais déjà en moi cette envie de créer des histoires, de faire rêver.

LD : *Pour faire exister ce monde intérieur, mais pourquoi se déployait-il à l'intérieur et pas à l'extérieur ?*

CV : Je l'extériorisais quand même : c'était comme mon jardin ! Je percevais que, mis à part ma sœur, peu de gens étaient réceptifs. Ma sœur et moi étions très inventifs. Nous n'avons qu'un an d'écart ; on était donc très proches. Petits, nous passions beaucoup de temps ensemble.

En revanche, je sentais que les autres n'étaient pas à la hauteur de ce que je voulais partager. J'avais l'impression que ça ne servirait à rien. Dans les spectacles que je créais, je faisais participer les autres, je leur offrais des choses parce que j'ai toujours aimé partager ce que je faisais. Mais cela restait mon univers, ma création.

LD : *Aujourd'hui, tu es devenu un grand créateur de mode, qui peut défrayer la chronique, parce que tu ne fais pas des choses classiques. Comment vis-tu le fait d'exercer un métier qui te met en lumière toi aussi ?*

CV : J'adore ! Quand j'étais petit, mon monde intérieur était riche de personnages différents. J'étais constamment déguisé, pour incarner justement plusieurs personnes et personnages ; j'ai toujours aimé ça. Pas forcément la scène, pas forcément la parole ; ce que j'aime est vraiment très visuel.

LD : *En l'incarnant toi-même aussi ? Parce que j'ai le souvenir de toi, lors de la première édition de* Corps à Cœurs *au Grand Rex en mai 2022, qui stressais...*

CV : Ah oui ! Encore une fois, tu vois, le discours change, parce que j'ai évolué.

J'ai eu des périodes difficiles. Mais, aujourd'hui, je pense avoir réussi à trouver un équilibre.

Même pour mon propre personnage : j'ai réussi à en cerner des contours plus précis, plus assumés. Je sais ce que je veux montrer. Je me sens beaucoup plus confiant. Tu vois, c'est ce que j'ai mis en avant pour *Corps à Cœurs* lors de la seconde édition : un personnage.

LD : *Exact, oui, et justement tu dis que parfois ça n'était pas simple. Comment as-tu vécu le fait d'être propulsé sous le feu des projecteurs ? Est-ce que tu te disais : « Je me dois de ne pas déborder, de ne pas dépasser, de ne pas dépendre de ça » ?*

CV : Je débordais, je dépassais. Je ne peux pas faire autrement. Parce que je ne peux pas m'empêcher de le faire. Je sais que je suis comme ça ; malgré un côté assez lisse, je suis hyper-brut. Et en fait, j'assume ça maintenant. C'est vrai qu'au début, c'était compliqué. Mais maintenant, je me connais et je m'accepte tel que je suis : je suis brut, parfois cru, et je n'ai pas beaucoup de limites. Je peux parfois aller trop loin, mais comme je me connais, je sais aussi ce qu'il ne faut pas que je fasse. Et puis, je joue de ce trait de caractère : j'en suis fier. En fait, je me dis juste que c'est moi. Je suis comme ça.

LD : *Et c'est ce qui fait ton charme. Mais en quoi c'était compliqué au début ?*

CV : C'était compliqué vis-à-vis de moi seul. Compliqué entre moi et moi-même. C'était plus une déception personnelle. J'étais excessivement exigeant envers moi-même.

De fait, je culpabilisais en permanence, de ce que je faisais, de ce que je disais… Cette culpabilité a été très prégnante, pendant longtemps. Même, par exemple, quand je me suis mis en couple avec mon premier copain, j'éprouvais une culpabilité permanente. Aujourd'hui, ça va mieux, même s'il m'arrive encore de la ressentir.

LD : *Le sentiment que tu décris est composé de culpabilité, de déception, et est engendré par une énorme exigence vis-à-vis de toi, puisque tu ressens très vite de la culpabilité si tu faillis à cette exigence. D'où vient ce sentiment ?*

CV : Je pense qu'il vient d'une peur bleue de l'égoïsme. Je sais que je peux parfois tendre vers ça, et c'est comme une phobie. Vraiment, je ne veux pas penser qu'à moi. C'est quelque chose que je crains.

LD : *C'est quelque chose qu'on t'a reproché dans l'enfance ?*

CV : Souvent, mais de manière injustifiée. On me le reprochait comme s'il était évident que j'étais égoïste, alors que non : je ne l'étais pas du tout ! Enfin je ne crois pas, du moins, je n'espère pas. C'était un reproche facile : « T'es égoïste, tu penses qu'à toi. »

J'ai toujours pris la place que je voulais prendre, je ne m'en suis jamais empêché ; en revanche, je veux vraiment laisser de la place pour les autres. Et j'en laisse naturellement ; mais il y a tellement de gens que je connais qui vrillent, ne pensent qu'à eux et c'est tellement décevant.

Quand je regarde des documentaires sur mes idoles – McQueen, Lagerfeld, Yves Saint Laurent –, je constate qu'ils ne pensent qu'à eux : tout tourne autour d'eux. Je refuse d'être ainsi. Et, finalement, ils sont morts dans des conditions affreuses…

LD : *De solitude.*

CV : Oui, de solitude totale. Et d'ailleurs, peut-être que tout cela est lié à une peur de la solitude.

LD : *Comme si la lumière pouvait t'isoler ?*

CV : Disons que les autres ont tendance à projeter sur une image une personnalité qui ne correspond pas forcément à la réalité.

Par exemple, nos stagiaires sont arrivés il y a quinze jours. Moi, pendant la journée, je ne prête pas attention à mon apparence. En revanche, quand je sors, je m'habille en noir, j'y apporte plus de soin. Ça les a étonnés que pendant la journée je fasse aussi peu attention ! Ils étaient persuadés que j'étais en permanence sur mon trente-et-un !

LD : *Je comprends ! Mais c'est en cela qu'être en pleine lumière, c'est un peu schizophrénique. Si d'un côté on peut avoir pour volonté de renvoyer quelque chose de lisse et de parfait afin de s'assurer qu'on correspondra aux attentes – et qu'ainsi on sera validé –, d'un autre côté cela peut aussi donner envie d'éduquer le public, de montrer que ces images parfaites, ce n'est pas la vérité, et de se montrer donc tel qu'on est.*

*Toi, à travers ta création, tu éduques le public aussi.*

CV : Je veux montrer beaucoup de choses au public. Je n'ai pas envie de m'enfermer dans une image lisse. Maintenant, quand je sors et que j'ai un peu trop bu, je suis satisfait d'une chose : je ne cherche pas à renvoyer une image parfaite, et les gens me découvrent sous un autre jour.

LD : *Est-ce que tu as parfois la sensation que pour oser être pleinement toi, tu es obligé de consommer de l'alcool ?*

CV : Franchement, non. Pour être plus léger, certes, mais pour être moi, non. Au contraire, d'ailleurs : je suis probablement plus moi-même en étant sobre, dans la mesure où, quand je suis léger, je m'invente parfois une vie ! L'alcool me désinhibe, oui, mais je ne suis pas spécialement timide à la base. Je l'ai été, mais ce n'est désormais plus le cas.

En fait, en mûrissant, j'ai pris la décision d'arrêter de culpabiliser systématiquement, constamment, pour tout. Même par rapport à la consommation de substances mauvaises pour le corps : on n'a qu'une vie, alors si, pour un certain temps, on en a parfois besoin, c'est comme ça. Ce n'est pas honteux, c'est humain.

LD : *Tant de personnes oublient que l'on n'a effectivement qu'une vie.*

*Quelles étaient les histoires de tes personnages dans les mondes fictifs que tu bâtissais ? Est-ce que ce sont celles que tu racontes dans tes défilés ?*

CV : Pas pour l'instant, mais à mesure que je vais organiser des défilés pour mes marques, ça le sera certainement.

Chez Rochas, c'était encore autre chose. Dans le cadre du premier défilé, on avait tenté de créer une femme. Le texte que tu avais écrit pour l'occasion et qu'on t'entendait lire pendant le défilé contribuait à forger le personnage parce que c'était une manière de lui donner une voix. Après, c'était pour Rochas, et ce que je faisais pour eux est radicalement différent de ce que je désire créer avec ma marque. Mais ce premier défilé a été le plus personnel de tous ceux que j'ai créés ensuite.

Après, dans mes collections, il y a toujours un peu les mêmes personnages qui reviennent : cette femme avec les grosses fleurs noires, la fille-perroquet…

LD : *En fait, ces personnages te permettent d'exorciser ta peur de la solitude, non ?*

CV : Oui, et puis je suis fasciné par les autres, par le talent des autres. Quand je repense aux dernières années, ce sont les rencontres avec des personnes que j'admirais énormément qui m'émeuvent le plus. Aujourd'hui, je les connais, je travaille avec elles ! Au-delà d'être très gratifiant, n'importe quel échange avec une personne que je connais ou que je rencontre constitue une source d'inspiration.

LD : *Tu dirais que tu as confiance en toi ?*

CV : Je peux te dire oui maintenant, et, demain, te demander de ne pas m'écrire parce que je ne vais pas bien et que je suis persuadé que je suis nul.

Mais globalement, je pense que oui, j'ai confiance en moi – même si j'ai moins confiance en mon travail qu'en moi.

# Remerciements

Je tiens à remercier toutes les personnes qui ont permis à ce livre de voir le jour.

Tout d'abord, les personnalités merveilleuses qui se sont confiées avec une sincérité rare, et m'ont accordé leur temps si précieux.

Joyce Jonathan, j'ai tant aimé ce moment suspendu, difficile et joyeux. Merci pour ta confiance et ton amitié. Nous étions deux à traverser la vie ensemble ce jour-là.

Laury Thilleman, je n'oublierai pas cet entretien dans un café de la rue Soufflot.

Benjamin Siksou, pour nos conversations toujours riches, longues, animées et passionnantes.

Irma, l'émotion qui circulait pendant notre échange m'émeut encore.

Tristan Lopin, pour ta simplicité et ta vérité qui soignent.

Barbara Butch, j'ai tout aimé dans cette conversation, merci pour ces confidences qui ont parlé fort à mon cœur.

Charles de Vilmorin, pour l'ami que tu es. Si nos conversations me fascinent, j'aime surtout ce qui reste en silence chez toi et hurle si fort la vie.

Hugo Bardin *aka* Paloma, merci pour ta gentillesse, ta pertinence et ta fantaisie hors du commun, comme toi.

Je remercie les équipes de Robert Laffont qui ont été si bienveillantes et patientes dès le début.

Sophie, merci d'être venue me chercher pour faire exister ce livre, et merci pour ta confiance que tu m'as accordée dès notre premier rendez-vous. Tu as fait de cette première collaboration une aventure que je n'oublierai pas.

Juliette, chère Juliette, merci pour votre patience, votre lumière discrète et humble et votre aide immense. Quel plaisir d'avoir collaboré avec vous. Et cette conversation finale me restera, soyez-en sûre.

Je remercie Sabrina pour le graphisme de cette couverture. Si l'on avait su que ce logo qu'on aime tant rejoindrai si vite la couverture d'un livre… Merci d'être à mes côtés depuis le début de cette aventure.

Je remercie les équipes de L Productions de coproduire désormais le spectacle *Corps à Cœurs* à mes côtés, d'y croire et de le porter avec une fougue que j'aime tant.

Je remercie mes proches, amis et famille, qui m'ont soutenue si fort pendant tout le processus d'écriture de ce livre. Parfois, ce fut difficile de me replonger. Merci de m'avoir laissé l'espace de le dire, d'en parler, et d'avoir pris de mes nouvelles au fur et à mesure.

Je remercie enfin toutes les personnes qui dès la première édition, sont venues écouter et applaudir *Corps à Cœurs*, et toutes celles qui ont participé en me faisant une confiance lumineuse. Sans vous, ce projet n'en serait pas là aujourd'hui. Merci de lui donner cette vie merveilleuse.

Laurie

Composition et mise en pages
Nord Compo à Villeneuve-d'Ascq

#lisez engagé !
www.lisez.com
Pour plus d'information :
Imprimé sur du papier issu de forêts gérées durablement.

Achevé d'imprimer en décembre 2023
par Normandie Roto Impression s.a.s.
61250 Lonrai (Orne)
N° d'édition : 66591/01 – N° d'impression : 2305622

*Imprimé en France*